작은 방에서의 화해

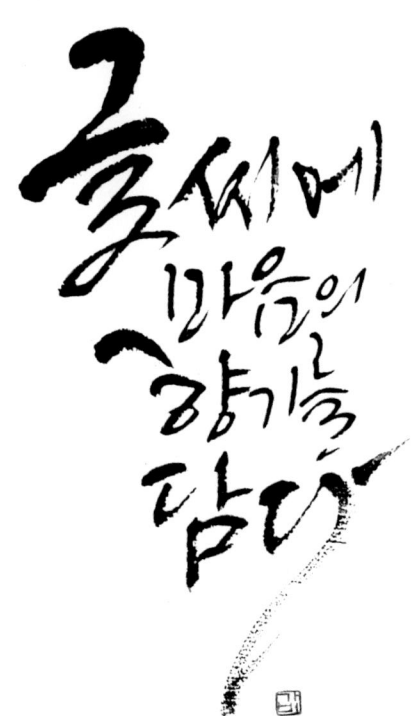

글씨에 35cm×55cm
화선지, 먹

## 작은 방에서의 화해

초판 1쇄 인쇄 | 2025년 05월 30일
지은이 | 박상분
펴낸이 | 이재욱(필명:이승훈)
펴낸곳 | 해드림출판사
주 소 | 서울 영등포구 경인로82길 3-4(문래동1가 39)
　　　　센터플러스빌딩 1004호(07371)
전 화 | 02-2612-5552
팩 스 | 02-2688-5568
E-mail | jlee5059@hanmail.net

등록번호　제2013-000076
등록일자　2008년 9월 29일

ISBN　979-11-5634-628-9

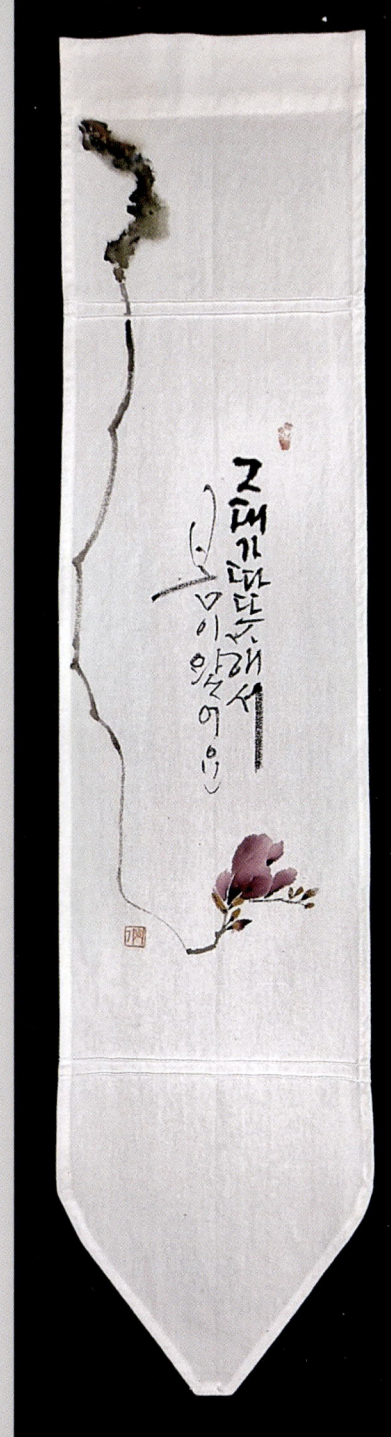

자목련 20cm×80cm
광목천, 패브릭물감, 먹(섬유채색화)

# 내 안의 나를 만나다

내 삶의 뜨락에 글쓰기 밭을 일군 지 오래다. 본래 비옥하지 않은 데다, 하세월 비워둔 황무지였다. 파종조차 게을리했으니 사시사철 가뭄이 든 모양새를 면하기 어려웠다. 이웃 밭에서는 씨 뿌리고 솎아내며 바지런히 밭품을 팔아 계절 없이 가을걷이 중이었다.

내게는 거둬들이는 것에 버금가는 수확이 따로 있었다. 공들여 가꿔놓은 남의 작물을 눈여겨보는 즐거움이었다. 내공이 쌓인 작품들을 살펴보며 내 안목이 섬세해지고 내면도 조금씩 풍요해졌다. 수필로 승화된 작가들의 진솔한 삶이 나를 어떻게 돌보며 살아가야 할지, 길라잡이가 되어 주기도 했다.

그 사이 가뭄에 콩 나듯이 내 글밭에도 하나둘 작품이 생겨났다. 어설픈 결실이나마 한데 묶었다. 세상에 나가기가 면구스러워 오랫동안 저장되어 있던 것들도 빛을 보게 되었다.

쓰고 매만지는 동안 내 안의 나를 만나는 시간이어서 뿌듯했고, 글쓰기에 대한 자발적 빚을 정리하게 되어 다행스럽다.

같은 쪽을 바라보며 따뜻한 시선으로 함께해준 남편과 아들 딸, 지난해 화촉을 밝힌 며느리, 모두 마음을 모아줘서 고맙다. 문학회에서 만난 글벗들에게도 한 아름씩 사랑을 전한다.

캘리그라피와 섬유채색화 작가로 활동하고 있는 남편의 작품도 함께 넣었다.

2025년 봄에

차례

내 안의 나를 만나다 | 4

## 1 산과 케렌시아

산과 케렌시아　13

비 오는 날　19

작은 방에서의 화해　25

자전거를 타며　31

CCTV를 달아야지　37

소확행　43

공간을 즐기다　49

미안하다 고향아　55

## 2 그 풍경 안에 머물고 싶다

그 풍경 안에 머물고 싶다    63

누님 축하합니다    69

공식적인 백수    75

결혼 적령기    81

푸른색을 좋아하잖아요    87

나이가 있는데    93

화양연화    99

술의 힘    105

3 탯줄

탯줄　　113

별내 돌순이　　119

바람의 진원지　　125

연리지가 되어가다　　131

어머니의 동반자　　137

향기에 대하여　　143

한집에 살아요　　149

오일장　　155

# 4 옥토에 내리는 비

옥토에 내리는 비    165

봄맞이    171

구름 낀 하늘만 보아도    177

그날의 데이트    183

섬길 수 있는 은총을 허락하소서    189

황금가지를 만난 날    195

잔고    201

집이 와 없어졌노    207

그녀가 열린 세상으로 나아가다    213

1

날고 제발싶어

참좋다 그대라서

참좋다 7inch×5inch
엽서(띤또레또), 붓펜

# 산과 계절사이

주말농장을 지나 산길로 접어든다. 시들어 허전해진 수풀 사이로 난 자드락길이다. 선비 같은 기품의 적송을 거느리기도 하며, 길은 휘어지면서 앞질러 간다.

나날이 홀쭉해지는 이런 초겨울 산에 들어서면 나는 기분이 상쾌해진다. 곁에 산 친구가 있지만 이맘때는 혼자서도 잘 나선다. 산을 다닌 지 하세월인데 어느 계절인들 매력이 없을까마는 겨울 산이 더 나를 설레게 한다.

등산을 좋아하게 된 계기도 수락산 정상에서 내려다본 설경에 취하면서였다. 나무들의 오연한 기개가 설무에 잠기던, 그날의 절경이 삼십 년이 지난 지금도 선연하다. 그 후로는 이사하게 될 때마다 산 가까이 있는 집을 우선순위에 놓게 되었다.

나이 들어 등산을 못 하면 무슨 재미로 살까 했는데, 어느 때부터 오르막이나 내리막길에서 무릎에 이상 신호가 감지되기 시작했다. 그때가 왔나 보다, 지레짐작하고는 산행을 접었다. 공원이나 숲길을 걸으며 꿩 대신 닭에 재미를 붙여가는 동안 계절이 여러 차례 바뀌었다.

달포 전 어느 날이었다. 공원 한 바퀴 돌자고 나선 길이었는데 나도 모르게 발걸음이 산길로 들어섰다. 조심스레 한 발 한 발 봉우리에 이르는 동안 무릎 통증은커녕 발걸음도 가벼웠다. 산은 거기 있었고, 나는 결삭은 친구를 다시 만난 듯 눈시울이 뜨거워졌다. 가슴에 청량한 바람을 일으켰던 그날 이후로 공원을 뒤로하고 다시 산과 친해지게 되었다.

헐거워진 나뭇가지 사이로 잿빛 하늘이 얼키설키 얽혀있고 싸늘하게 식은 햇살 한 조각, 등에 꽂힌 채 따라온다. 봉우리까지 외길인 데다가 두 사람이 나란히 걷기도 만만찮은 오솔길이다.

동행이 있어도 앞서거니 뒤서거니 걸어야 하는 조붓한 길, 산이 줄곧 끌어당기는 데는 이런 오솔길이 나의 감성을 건드려서이다. 오붓한 분위기를 만나면 뒤돌아서서 방금 지나온 풍경을 훑으며 눈맞춤하느라 달팽이걸음이 된다.

눈앞에 우뚝한 애기봉을 마주하고 벤치에 앉는다. 먼 산봉우리가 구름 띠 위로 희미하게 걸려 있고, 아득한 등성이를 따라 알몸인 나무초리가 부드러워 보인다. 젊은 날엔 산행을 시작하면 미션을 완수하듯 정상까지 오르기 예사였다. 능선길을 따라 내처 빠른 걸음이었던 그때는, 겨울 산이 장엄하게만 보일 뿐 저런 부드러움이 느껴지지 않았다.

뿐만 아니라 숲이 계절 따라 비움과 채움을 그저 반복하는 줄로 여겼지, 비워야 채워진다고 자연이 인간에게 일러주는 메시지를 헤아려 보았겠는가.

거뭇한 잡목들과 노송 사이로 이따금 솔바람이 불어온다. 무채색인 이 계절에도 저들은 생기를 발산하겠지. 건조한 내 일상에 촉촉이 습기를 분무하는 곳으로 산 만한 데가 없다. 내가 나랑 잘 노는 자리이니 본연의 나 자신에 가까워지는 곳이리라.

투우장 한쪽에는 소가 안전하다고 느끼는, 사람에게는 보이지 않는 구역이 있다고 한다. 투우사와 싸우다가 지친 소는 기운을 되찾아 싸우기 위해, 자신이 정한 장소로 가서 숨을 고르며 힘을 모은다. 소만 아는 그 자리를 스페인어로 케렌시아라고 부른다. 피난처·안식처라는 뜻으로 회복의 장소이다.

숨을 고르는 일은 인간으로 보자면 마음을 고르는 일이 아니겠는가. 한 시인은 케렌시아를 자아 회복의 장소로, 인간 내면에 있는 성소에 비유하기도 한다. 명상 역시 자기 안에서 케렌시아를 발견하려는 시도라 하면서.

숲은 바라보는 것만으로 명상이 된다. 소나무와 잡목들로 둘러싸인 이 자리에서 숲멍을 할 때면 나의 케렌시아라는 생각이 든다. 세상의 고단함 같은 건 잠시 내려놓게 되는 마음의 안식처. 여기 있는 동안은 분위기에 잠겨있는 것만으로 편안하고 번다한 세상사도 나의 성 안으로 들어오지 못하니 말이다.

어쩌다 부정적인 생각이나 감정들로 피폐해지는 마음도 슬그머니 누그러진다. 이곳뿐이랴, 산행하는 내내 정화의 시간이니 오솔길까지 모두 나의 케렌시아라 해도 무방하리라.

산이 마음만 치유해 주는 곳이 아니다. 케렌시아에 있을 때 소는 말할 수 없이 강해져서 쓰러뜨리는 일이 거의 불가능해진다고 한다. 산 친구들도 몸이 쳐지거나 어지간한 몸살기 정도는 등산으로 거뜬해진다며 입을 모은다.

에너지가 부족해서 늘 의기소침한 내 몸도 나무가 뿜어내는 피톤치드의 효력을 대변해 줄 때가 많다. 산속에 몇 시간만 있으면 보약 먹은 효과에 못지않다는 기사를 본 적도 있는데 빈말이 아닐 성싶다.

 돌아보니 산에 대한 향수나 숲속을 나의 케렌시아라 여기는 데는 남다른 인연이 있었다. 오래전 등단작품도 산행의 즐거움을 모티브로 해서 쓴 글이다.
 산 식구들의 속삭임에 귀 기울이며 오솔길로 오르내리는 정경까지, 어설픈 솜씨지만 잔잔하게 묘사했던 장면들이 떠오른다. 상쾌하고 때론 축축해지기도 하며, 도회지에서 허기진 정서를 채워주는 산의 매력을 일찌감치 몸과 마음으로 간파했던 모양이다.
 메마른 가지들이 우우우 추운 울음을 우는 동안에도 시든 풀숲에서나 땅속에서는 분주히 봄을 엮고 있을 게다. 동네 어귀의 야트막한 산, 나의 케렌시아에 풀어놓을 파릇한 풍광이 그려진다.
 나무둥치 사이로 햇빛이 잦아들고 있다. 오늘도 약간의 보약을 먹은 셈이니 총총 잰걸음으로 내려가야지.

섬유채색화 수국 40cm×50cm
광목천, 패브릭물감, 먹

# 비 온 날

연일 비가 뿌린다. 무더위가 때 이르게 기세를 펴더니 장마를 몰고 오려나 보다. 사방이 먹물 번지듯 어둑해지고 눅눅한 기운이 온몸으로 스며든다.

사람들은 저마다 속도감에 얹혀 떠밀리듯 살아가다, 의외의 곳에서 행복을 느낄 때가 있다. 나는 주변이 회색빛인 이런 날 번번이 그런 감상에 젖는다.

그래서인지 사는 일이 시들하거나 건조할 때 은근히 비가 기다려진다. 후줄근한 일상을 애써 추스르지 않아도 편안하고 자신에게 너그러워지는 여유가, 하필이면 누덕누덕 비구름이 덮인 궂은날에 생기니 내가 좀 별스러운가.

비 오는 날은 일거리를 적당히 미루어 놓아도 마음의 짐이 되지 않는다. 이웃들도 별반 다르지 않은지 층간소음이 없는 걸 보면 청소기나 세탁기가 쉬고 있는 모양이다. 내가 자란 농촌에서도 그랬다.

처마 끝 볏짚들이 낙숫물을 떨굴 때는 농번기에도 온 동네가 휴일을 맞는 날이다. 삽이며 쟁기가 사립문간에 어지럽게 세워져 있고 댓돌 위에는 신발이 수북이 널려 있다. 어디 사람만일까. 마른논 무논으로 이끌리며 들일에 앞장섰던 황소까지 길게 앉은 채 오수에 빠져든다.

초당에서도 대낮부터 일꾼들의 코 고는 소리가 요란스럽다. 고된 노동으로 휜 허리를 모처럼 단잠으로 펼 수 있는 날이다. 날만 새면 논밭에서 살아야 하는 그들에게 휴식은 하늘이 뿌려주는 비와 함께 무시로 시작되고 끝이 난다. 남의집살이의 설움이 걸쭉한 노랫가락에 실려 빗물에 녹아들 때면, 투둑투둑 처마를 두드리는 빗소리가 장단을 맞춰 더 구성지게 들렸다.

아낙네들도 비가 오는 날에야 해진 옷가지를 손질한다. 농사와 대가족을 두량하느라 해가 든 날은 온종일 종종걸음 치시던 내 어머니도, 재봉틀을 돌리며 농촌 생활의 고달픔이나 시집살이의 설움을 빗물에 흘려보냈으리라.

조물주가 인간의 고충을 짐작하시어 심신의 여유를 누리도록 삶의 행간에 비를 내려 주었을까. 곡식을 볶아 식구들의 입을 달콤하게 녹여주던 때도 비가 오는 날이다. 집 안이 훗훗하게 달아오르고 고소한 냄새가 빗줄기 사이로 이집 저집 담장을 넘나들었다.

가을비는 '떡비'라고 한다. 비가 와서 들일을 못 나갈 때 집에서 떡을 해 먹으며 논다는 의미이다. 오곡이 풍성한 계절에도 떡비가 내려야 농가가 넉넉하고 한유할 수 있었으니.

이런 날은 무심한 채로 비 곁에만 있고 싶다. 갈수록 무덤덤한 남편이나 자식 농사에 코를 박고 살아가는 주부들의 스트레스를 푸는 데는, 이웃이나 친구와의 수다가 한몫하기도 한다. 오늘은 시답잖은 얘기로 너스레를 떨까 봐 아무에게서도 전화가 걸려 오지 않았으면 싶다.

남이나 바깥세상으로 지나치게 뻗어있는 생각의 촉수들을 잠시 되돌려놓고 침잠(沈潛)을 즐기고 싶어서이다. 웅장한 풍경이나 고담준론(高談峻論)들까지 공허하게 느껴지는 때가 있다면 오늘 같은 날이 아닐까.

비는 몸보다 먼저 마음을 적신다. 혼자 있어도 속뜰이 그득해진다. 찻잔을 들고 거실 한쪽에 앉으면 곡명도 모르는 음악이 빗소리와 어우러지고, 온갖 생활의 짐이나 나를 얽어매고 있는 질긴 끈들로부터 슬며시 놓여난다. 맑은 날에는 가슴의 물기를 걷어가서 사는 일이 빡빡하게 느껴지는 모양이다.

잠시나마 현실에서 비켜 서 보는 것이 어떤 생산적이거나 가치 있는 일보다 풍요로울 수 있다는 사실을 이런 때에 체득한다. 아마도 내 삶의 여백은 빗소리가 들리는 이런 어스레한 공간에 마련되어 있나 보다.

결혼과 더불어 아내와 엄마로서만 자리매김된 삶에 회의가 몰려올 때가 있었다. 본래 빈곤한 내 정신을 가족이나 가사에만 매달린 탓으로 돌리며 인생이 자꾸 헛도는 듯한 착각에 빠지곤 했다.

오늘처럼 비가 오는 날은 그런 갈등이 차분히 가라앉아 전업주부라는 자리가 새삼 행복해진다. 출근길 여성들의 산뜻한 차림에 부러운 시선을 보내던 때가 언제였나, 빗속으로 바삐 움직이는 걸음새가 안돼 보이기까지 하다. 비가 담장 밖의 세상을 기웃거리며 가정과 겉돌던 내 마음까지 제자리로 돌려놓은 모양이다.

비는 여전히 베란다 창을 쏟아내리고. 어둠침침한 방 안에서 아늑한 분위기에 젖어 있는 내가 문득 아이러니하게 여겨진다. 본래 비가 가진 속성은 우울함과 쓸쓸함이라는데 나의 별스러운 감성이 좀 과했을까. 사람은 적당히 우울할 때 가장 본연의 자기 자신으로 돌아온다고 한다. 어둠이 사방을 잠식해오듯 피할 수 없는 비의 속성과 함께, 내 안의 내가 평온해지나 보다.

비슷이 뿌려대던 빗줄기가 어느새 우줄거린다. 하염없이 빗속을 응시하노라니 가랑비의 속살거림마저 귓전에 와닿는다. 원을 그리며 퍼져나가는 빗방울의 떨리는 숨결 소리까지 나직이 들리는 듯하다. 잔잔한 자연의 교향악이다.

이 평화로운 세계는 어디서 연유한 것일까. 어둠 속의 빗물, 그것은 양수로 가득 찬 캄캄한 어머니의 자궁과 동일시된 풍경이 아닐는지. 아늑한 그곳으로 돌아가 안주하고픈 잠재의식이 저 빗물에 맞닿아 있는지 모른다.

글 35cm×65cm
화선지, 먹

# 작은 방에서의 회개

아들이 분가하자 방 하나가 생겼다. 현관에 딸려있어 다른 방이나 거실에서 약간 외져 있다. 안방보다 해가 더디 지는 쪽이라 난방비도 절감할 겸 올겨울을 이 좁은 방에서 나기로 했다. 침실로만 쓸 참이었는데, 옷가지랑 소품들까지 따라와 생활공간이 되고 있다.

사상 유례없다는 혹한을 따뜻하게 나고 있기도 하지만 이 작은 방이 이렇게 아늑한 공간이 될 줄은 몰랐다. 책상 위에 책을 옮겨다 꽂고 작은 라디오를 갖춰 놓았을 뿐인데. 빛살이 해 질 녘까지 비껴 들고 음악도 라디오에선 잔잔한 선율로 흐른다. 거실에 서 있는 오디오에서 덩치만큼 큰 울림으로 퍼져나가는 소리와는 사뭇 다르다.

거실은 눈길 닿는 데마다 일거리가 널려 있어 몸뿐 아니라 정신도 주부의 일상에서 놓여나기가 쉽지 않다. 그런 소소한 일감으로부터의 탈출도 방문 하나만 닫아버리면 된다. 나는 틈만 나면 이 방으로 숨어든다. 느긋해진다는 말의 의미를 몸과 마음이 알아챈 모양이다.

시간을 느슨하게 부리다 보니 책상 위에 줄지어 선 책들이 활자로 보이기 시작했다. 독서 시간이 늘어나면서 전철 속에서나 읽다 만 수필집을 찬찬히 훑어보는 시간도 많아졌다. 내공이 쌓인 문인들로부터 받았는데 독자를 잘못 만나 외면당하고 있던 것들이다. 의식적으로 등을 돌린 작품들에 바투 앉으니 새삼 구미가 당긴다. 예전에는 느끼지 못했던 맛이다.

글 마당에 발 들여놓은 지가 언제였던가. 문학은 내게 완강하게 버티고 선 산이었다. 내가 기웃거릴 세상이 아니었다. 모래알처럼 잘고 아름다운 감동의 물고기들을, 성근 내 언어의 그물로 잡아 올리기에는 무리였다.

알량한 묘사력이나 테크닉으로 그의 세계를 넘보기가 가당찮다는 생각이, 자꾸만 나를 뒷걸음질치게 했다. 해서 오랫동안 탐색전만 벌이다 그만 어설픈 그물을 놓아버리기로 했다.

격이 있는 작품은 오르지 못할 나무이고, 내 글과 비견한 고만고만한 신변잡기들은 마음에 닿지 않고. 그런 안고수비(眼高手卑)의 잣대로 자신을 합리화시키는 사이, 글쓰기는 물론 읽는 일까지 심드렁해졌다.

돌아보니 인생의 페달을 빨리 돌리고 싶던 시절과 맞물려 있지 않았나 싶다. 이제 세상의 속도전에 거부감을 가질 때도 됐고, 세상이 매겨놓은 값에 연연하지 않을 나이도 되었다.

언젠가 한 소설가 님이 내게 글쓰기에 재능이 있다며 치켜세워 주셨다. 순간 못 들을 말이라도 들은 듯 당황스러웠다. 문학에 정신을 쏟기엔 자질이 부족한 것 같아 매달리지 않기로 했다며 슬쩍 넘겨 버렸다.

"노벨문학상이 목표라면 할 수 없지"

선생님의 일갈에 좌중이 폭소를 터뜨렸다. 작가 님도 '000 전집'을 포기하자 어렵던 글이 술술 풀리더라는 말씀을 덧붙이셨다. 열등감이 곧 우월감의 뒷면일 수도 있는, 양면성을 그때는 잘 알아차리질 못했다.

시간도 느긋이 흐르는 이 방에서 놓아버린 줄이 다시 팽팽해지고 있다. 우리 사이가 언제 서름했던가, 내가 글을 당기는지 글이 나를 이끄는지 허리가 뻐근해지기도 한다. 나의 냄비 근성을 모르지는 않지만 잠시라도 열심이니 다행 아닌가.

　내가 자란 시골집에도 작은 방이 있었다. 사립문에 붙은 초당보다 좁았지만, 쪽문으로 바람이 드나들고 햇볕이 환하게 스며들었다. 형제들이 밤을 밝혀 공부하는 방이었다. 방 주인이 아니고는 손대기 어려운 라디오도 앉은뱅이책상도 있었다.
　큰오빠는 몇 날을 공들여 숏다리 책상을 일으켜 세웠다. 나무토막을 덧대어 어설프게 롱다리로 변신한 책상이 밤새 삐걱거리며 신음을 내곤 했다. 하여 보잘것없는 방이 두 형제를 나란히 공무원으로 탄생시켰다.
　훗날 언니가 차지한 그 방을 나도 간절히 원했지만 좀체 내놓질 않았다. 그녀가 서울 이모네를 들락거릴 때마다 몇 날씩 묵었던 작은 방은 출렁거리는 내 사춘기 바람을 포근히 잠재워주었다.
　됫박만한 공간에서 손재주 좋은 언니는 마디마디 이은 털실로 뜨개질을 했다. 대바늘이 큼직한 기계로 바뀌고, 바지런히 만들어낸 무지갯빛 스웨터며 속바지로 동네 사람들이 따뜻한 겨울을 났다.
　형제들에게 생산적인 공간이 되는 동안 나의 작은 방 차지는 요원해지고 말았다. 어쩌면 그때의 간절했던 바람이 몇십 년의 세월을 관통해서 이제야 채워진 모양이다.

 소한 대한이 지나가고 입춘이 다가온다. 부족한 재능을 탓하며 웅크리기만 했던 지난날의 나와 이제 화해를 해야겠다. 오랜 방황 끝에, 글쓰기와 해후의 장이 되어 준 이 방에 머잖아 봄 햇살이 기웃거릴 것이다.
 여러 해 전, 아들도 이 작은 방에서 각고의 노력으로 좋은 성과를 거두어 미국 유학길에 올랐다. 어린 시절 성적이 지지부진하던 대기만성형이었는데, 나는 떡잎부터 달라야 한다는 초조함으로 숱하게 닦달했다.
 그 엄마가 아들이 떠난 방에서 늦은 꿈을 꾸고 있다. 삶의 무대에는 마지막 순간까지 조명이 꺼지지 않을 터이니 무대를 비워두지 않겠다며.

용서 65cm×35cm
화선지, 먹

# 자전거를 타며

나는 자전거를 즐겨 탄다. 나의 애마인 자전거는 주로 인도나 한적한 도로로 달린다. 한갓진 이 동네를 조금만 벗어나면 자동차들이 서로 머리를 디밀며 촌각을 다툰다. 그런 살벌한 풍경을 강 건너 불구경하듯 곁눈질하며 페달을 밟는 기분이 얼마나 짜릿한지. 자동차가 오롯한 나만의 막힌 공간이라면, 자전거는 지붕이 없어 사방을 모두 내 것으로 만들며 오감을 만족시켜 준다.

자전거를 이렇게 레저용으로 만나게 되기까지 긴 세월을 거슬러 올라가 본다. 읍내까지 오리 길을 걸어서 다니던 초등학교 때였다. 한여름 땡볕에 하얗게 달구어진 신작로는 걸어 갈수록 늘어나는 것 같았다. 축 처진 걸음새로 또래들과 터벅터벅 걸어가던 하굣길에, 뒤에서 날아드는 자전거는 구세주였다.

"야, 너 OO 동생이제, 얼릉 타라"

나는 단박에 큰오빠 친구의 자전거 뒷자리에 올라탔다. 다른 아이들의 부러움과 시샘을 받으며. 가끔 그런 행운을 얻을 수 있었던 건 오빠를 닮은 얼굴 덕분이었다. 뒤따라오는 친구들에게 으스대며 매달려갔던 그 자전거는 무더위를 밀어내며 시원한 바람을 일으켰다.

고학년 때는 해거름에 혼자 귀가하게 되는 날이 많았다. 읍내를 벗어나면 길가 농작물이 바람에 서걱대는 소리가 귀신 소리처럼 들려 무서웠다. 마침 읍내로 출퇴근하는 이웃집 아저씨의 자전거에 얹혀오게 되었다. 버스도 몇 번 타보지 않았던 때라 자전거가 얼마나 날쌔게 달리던지, 두 바퀴에서 나는 바람이 귀신도 날려버릴 것 같았다.

부촌이라 불렀다는 우리 동네에도 자전거가 몇 대 안되던 시절이었다. 진득하고 성실한 셋째 오빠가 토끼와 닭을 길러서 자전거를 샀다. 부지런한 주인은 자전거를 타는 시간보다 걸레질하는 시간이 많았다. 뒷집 아저씨가 급한 볼일로 빌려 갈 때면 오빠는 반지르르한 자전거를 쳐다보기만 했다.

자전거는 농사철에 입이 깔깔한 아버지를 위해 읍내로 달려가 고기를 사 오기도 하며 요긴하게 쓰였다. 산더미 같은 짐을 싣고

헉헉대며 신작로로 달릴 때는 큰 몫을 해내는 일꾼처럼 믿음직스러웠다. 볼일이 없어도 바람을 쐬며, 무시로 사립문을 드나들던 자전거에선 휘파람 소리가 났다.

그러다 자전거가 신바람을 일으키지 않게 된 날이 왔다. 갑자기 아버지가 돌아가시자 도회지에서 하숙하던 큰오빠가 집으로 들어오게 되었다. 자전거로 읍내까지 가서 다시 시외버스로 갈아타야 하는 오빠의 고단한 통근이 시작됐다.

근면 검소한 오빠는 출퇴근하는 틈틈이 농사를 돌봐야 했고 직장에서는 점심값도 아끼느라 '도시락 대장'이라는 별명이 붙었다. 자전거 뒷자리에는 네모난 도시락이 묶여 있고, 여덟 식구 가장의 시름도 함께 매달려 있었다.

그즈음 오빠가 퇴근길에 타고 들어오는 자전거는 바퀴에 바람이 빠진 것처럼 무거워 보였다. 대가족을 짊어진 의무감에 짓눌려 빈틈없고 냉랭해진 주인을 태운 자전거에서 찬바람이 났다. 들일을 끝낸 아버지가 지친 몸으로 끌고 들어오시는 리어카에서는 푸근한 바람이 일었는데.

막 여고생이 된 나는 눈치가 빨라지고 철이 나기 시작해서 그 바람의 뉘앙스에 민감해졌다. 저녁 무렵 마당 한쪽에 삐이익, 오빠의 자전거 멎는 소리에 자꾸만 움츠러들었다. 여린 마음이 사춘기와 맞물린 탓이었을 게다. 자전거에 얹혀온 싸늘한 공기를 피하느라 이웃집이나 골목을 서성이기도 했다.

　세월의 물살은 더뎠지만 시골에도 문명의 빛이 퍼지게 했다. 비포장도로를 터덜거리며 타고 다녔던 오빠의 자전거가 오토바이로, 다시 자동차로 바뀌었다.
　내 청춘의 한 토막이 공연히 서러웠던 심사를 알아차리기까지 적잖은 세월이 흘렀다. 그간에 내 마음 그릇도 넓어졌다. 형제간의 정을, 자식에 대한 부모의 살가운 정에 견주어 오빠에게 서운해했던 그때를 종종 되짚어보게 되었다.
　오빠도 모범공무원으로 은퇴하고 농사꾼으로 돌아갔다. 만날 때마다 한마디 말이라도 더 건네려는 그도 얼굴빛이 온화하고 말끝이 부드러워졌다. 말단 공무원의 박봉에 조롱조롱 매달린 다섯 동생이 곱게 보일 수만은 없었을 터. 그 옛날 무표정으로 일관했던 건 뜨거운 냉정함이었음을 어찌 모르랴.
　나는 페달 위의 두 다리가 뻐근해지는 오르막길에서나 하루살이 떼가 성가실 때, 오빠의 고달팠던 통근길이 겹쳐지곤 한다. 옛날 시골길에도 고것들이 얼마나 기승을 부렸던지 집에 들어서자마자 오빠는 눈이 벌겋도록 비벼댔다.

　결혼하고 둘째 아이가 태어날 즈음 지방으로 이사를 했다. 시내버스도 없는 곳이었다. 운동신경이 둔해 끌기조차 버거워하던 내가 몇 나절 무릎이 까지는 수고 끝에, 기어이 자전거 면허증(?)을 거머쥐었다. 아이들을 태우고 장보기도 하며 쓰임새가 다양했다.

　온 가족이 함께 자전거로 나들이하던 그때, 엄마 아빠를 겨우 부르던 돌배기 녀석이 '언쩡거'라는 말부터 배웠다. 큰아이가 타는 아동용까지 그 시절 세 대의 자전거에서 따뜻한 바람이 일었다.

　요즈음은 인근 중랑천으로 타고 나가 선선한 바람을 쐬는 날이 잦다. 옆구리에 천(川)을 끼고 구불구불 함께 흘러가는 자전거 도로로, 바람을 가르며 달려가다 그 바람에 등허리를 떠밀리며 달려오곤 한다. 길가의 과꽃 해바라기 목화꽃을 쓰다듬으며 앞지르는 바람이 얼마나 싱그러운지.

　엊그제는 천변에서 만난 지인이 '네가 이렇게 똑똑해 뵈기는 처음이다' 해서 한바탕 웃었다. 길눈이 어두워 익숙한 길도 헤매고 다니는 내가, 자전거에 올라 휑하니 날아가는 모습이 신통해 보였던 모양이다.

　요사이 내가 타는 자전거에선 신바람이 난다.

부채
섬유부채, 먹

# CCTV를 달아버지

　새벽안개가 걷히기도 전에 펜션을 나섰다. 산봉우리가 허리를 숙여 호수에 얼굴을 씻고, 느리게 몸을 뒤채는 구름 사이로 먼 산들이 안겨들었다. 맑게 갠 하늘과 신록의 조화가 차 안에서도 눈이 부시어, 두릅 채취 길에 날씨까지 한몫 거드는 기분이었다.
　일행은 부부 모임으로 인생 별거 없다는 의미를 담아 '인별거'라 부른다. 우리는 등산을 즐기다 어느 해부터 산나물을 찾는데, 재미를 붙이기 시작했다. 산비탈을 오르내리며 새파랗게 돋아난 나물을 뜯는 일은 단조로운 산행에서 덤으로 얻는 즐거움이었다.
　높고 깊은 산속에서 저절로 돋아나서 자라는 야생 나물이 아마추어들의 눈에 띄기가 쉽지 않다. 봄소식이 소쿠리에 담겨 장바닥에 나오기 전부터 벼르는데도, 재바른 채취꾼들을 앞지를 수가 없기 때문이다. 우리는 봄 산의 연둣빛 바다에 자욱한 풋내를 맡으며 산행으로 끝내는, 성급한 봄맞이 행사에 그치기 일쑤였다.

나무에서 순이 돋는 두릅은 다른 봄나물에 비해 값비싼 만큼 깊은 산에서도 귀한 몸이다. 앞서 다녀간 채취꾼들이 놓쳤거나 새로 돋은 순마저도 가물에 콩 나듯 뜸하다.

지난해, 신록이 안개비처럼 산을 적시는 오월 초입이었다. 강원도에서도 험준하기로 악명 높은 00산에 올랐다. 여느 해처럼 산비탈을 오르내렸지만 두릅은커녕 산나물조차 눈에 띄지 않았다. 할 수 없이 등산로로 들어섰다. 등산길을 벗어난 줄도 모른 채 얼마나 올랐을까.

눈앞에 펼쳐진 두릅 세상! 쭉쭉 뻗은 두릅나무들이 한쪽 산꼭대기를 덮고 있었다. 워낙 높고 외진 곳이라 사람의 발길이 닿지 않았던 모양이었다. 살이 올라 도톰한 순이 가지마다 주렁주렁 매달린 풍경은 여태껏 상상조차 할 수 없었던 횡재요 환상의 세계였다.

콧노래를 부르며 배낭마다 가득 채웠지만 당일치기로는 역부족이었다. 아래쪽은 눈요기만 한 채 돌아섰는데도 한동안 우리 집 식탁을 파랗게 만들었다. 하산길에 굽이지는 길목마다 나뭇가지나 큰 돌을 세워놓았다. 내년을 기약하며 나름 표지판을 만들어 둔 셈이다.

우리 일행은 그때부터 마음속에 두릅 노다지를 품었다. 술자리마다 그날 찜해 둔 산이 등장하고, 시퍼런 광경을 떠올리며 내년에는 어떻게 효율적으로 채취할 것인가, 입을 모았다. 두릅이 한창일 때를 잘 맞출 것, 다른 사람에게 노출되지 않게 주중을 택할 것, 다음엔 모조리 훑어와야 한다며 인원을 더 동원하자는 의견까지.

금광을 발견했던들 그렇게 걸쭉한 술안주가 될 수 있었을까. 동장군이 된 나무가 싹을 품을 엄두조차 못 내는 겨우내, 우리들의 상상 속에서는 푸릇푸릇 순이 돋아 술상을 푸짐하게 만들었다. 남대문시장을 들락거리며 두릅 따는 도구랑 무릎까지 닿는 배낭이며 채취꾼 수준의 장비를 갖춰 놓고, 이 산에 봄소식이 날아들기를 기다려왔다.

아침 일찍 나서기 위해 전날 펜션에서 일박하는 일도 예전에 없던 일이었다. 간밤에는 무슨 의식이라도 앞둔 날처럼 삼가느라 술도 아꼈다. 예전처럼 산행으로 끝나게 되는 일이 없을 것이라 여겼으므로.

등산로 입구로 들어서자 완장을 낀 남자가 우리를 막아섰다. 산불 예방 기간이라 입산을 금지시키는 중이었다. 낭패감도 잠시, 감시자를 따돌리고 모험을 해야겠다는 오기가 솟았다.

일행의 지리적 감각이 총동원되어, 탐색전 끝에 깎아지른 듯한 산줄기를 찾아냈다. 어느 기슭으로도 길이 보이지 않고 밤새 내린 비로 땅은 질척거렸다. 각자 길을 내가며 가파른 비탈을 헤쳐나갈 수밖에.

나뭇가지에 발목이 걸리고 연신 미끄러져 주저앉기 일쑤였다. 지칠 대로 지친 기색인데도 한결같이 걸음은 빨라졌다. 고지가 바로 저긴데, 외쳐가며 산등성이로 능선으로 줄곧 올랐다.

다행히 어림잡은 위치가 잘 맞아서 우리의 목적지인 봉우리가 보이자 땀이 뒤범벅된 몰골들에서 휘파람 소리가 났다. 작년에 박아 두었던 나뭇가지며 돌멩이까지 용케도 길목을 지키고 있었다. 선두에 선 일행이 빨리 따라오라는 손짓에 두릅세상이 눈앞에 어른거렸다.

이럴 수가! 틀림없이 그곳에 다다랐는데, 산속에서 한바탕 난투극이라도 벌어졌을까? 땅에는 잘린 나뭇가지가 수북이 엉키어 널브러져 있고 마디마디 돋친 가시가 우리를 찌를 기세였다. 아마추어가 아닌 전문(?) 채취꾼의 행적임이 틀림없어 보였다.

우리는 전의를 상실한 병사가 되어 한동안 말을 잊은 채 나무 둥치처럼 서 있었다. 온 산에 썰렁한 기운이 감돌고 갑자기 빈 배낭이 무거워지며 배가 고팠다. 돌아서는 길에 남편이 외쳤다.

"당장 CCTV를 설치해야겠어."

헛웃음조차 나지 않던 우리는 그제야 큰 소리로 웃었다. 산에서 내려와 동네 근처에서 두릅 한 무더기씩을 샀다. 인생도 두릅도 별거 없다, 투덜거리면서.

우리의 만용이 오지게 헛물켠, 어느 봄날의 일이었다.

소요욕 65cm×35cm
화선지, 먹

# 소확행

 창가에서 차를 마신다. 차탁으로 내려앉는 볕살이 따사롭고 담장 위에선 아기 새들이 분주히 모이를 쪼아댄다. 새소리가 라디오에서 흐르는 경쾌한 선율에 어우러지자 소확행이라는 낱말이 슬며시 다가온다.
 소설가 무라카미 하루키도 그의 수필 '랑겔한스섬의 오후'에서, 오후의 햇빛이 나뭇잎 그림자를 그리는 걸 바라보며 브람스의 실내악을 듣는 것을 자신의 소확행 중 한 가지로 꼽았다. 작지만 확실한 행복은 대예술가의 세계라고 나 같은 사람과 별반 다르지 않은가 보다.
 젊은 날이라면 그리 새로울 것도 없는 이런 한가로운 분위기가 달콤하기만 할까. 아침볕은 찬란한데 뭔가 생산적인 일에 열

중하지 못하는 내가 마뜩잖아 공연히 들볶을지도 모른다.

어쩌면 너무 둔감해서 일상 속에 숨어 있는 은유를 놓치며 살아온 것 같기도 하다. 세월이 그저 흐르지는 않았던 모양이다. 인생의 등성이를 넘어서 내리막길로 내려오는 동안 헐렁한 자유가 덤으로 따라오지 않았나 싶다.

소확행, 언제 들어도 신선함이 느껴지는 낱말이다. 나이테를 감아가는 내 연륜만큼 작은 행복이 한 가지씩 늘어나고 있다. 세상살이 애면글면하지 않고 어지간히 내려놓아도 편안한 시절에 이르러서인가 보다.

지난 문학기행 때 소확행에 대한 주제가 나왔다. 공원 산책이며 몇 가지를 어필한 대가로 갖고 싶은 책을 상품으로 받았다. 나는 마트 가는 길에도 타고 가던 자전거를 받쳐놓고 공원을 걷는다. 무심히 걷다 보면 조용하고 평화로운 풍경이 마음속에 앉혀진다.

잠시나마 세상을 향한 마음의 안테나가 꺼지고 얽힌 시름도 잡생각도 내려놓게 된다. 산과 천변, 공원을 끼고 살다 보니 다가오는 시절을 기꺼이 맞게 되고 시절이 또 나를 익혀가는 것 같다.

결이 비슷한 친구와 산행하는 일도 수십 년을 누려오는 작은 행복이다. 산허리를 느슨하게 감아 오르며 설익은 문학 얘기도 나누고, 숲속에서의 커피타임이 한나절로는 아쉽다. 산은 내게 오랜 지기여서 조붓한 산길을 혼자 걸어도 즐겁다.

나는 글쓰기에 게으르다. 긴 가뭄 끝에 어렵사리 태동한 작품을 대할 때 한동안의 헛헛했던 시간을 만회한 듯 속이 차오르는 느낌이다. 자기 작품을 읽을 때 가장 맛이 난다는 어느 글동무의 말처럼 가끔은 졸작인 내 글을 보면서 뿌듯해진다.

감동을 주는 책을 읽거나 그 속에서 공감되는 글귀를 만날 때도 잔잔한 희열을 맛본다. 요즘은 유튜브에서 읽어주는 에세이나 문학 작품을 즐겨 듣는다. 되풀이 듣다가 울림이 큰 내용의 책은 구입해서 본다.

책 속에 길이 있다는, 알 듯 말 듯하던 그 길을 어렴풋이 알아차리면서 무엇을 지향하며 살아가야 할지 조금씩 깨우치는 시간이다. 자투리 시간이나 집안일을 하는 중에도 텍스트에 몰입할 수 있으니 얼마나 좋은 세상인가.

소소한 행복들이 나이가 더해지면서 한 가지씩 보태진다. 친구들과 인사동 거리를 쏘다니다가 찻집 한쪽에서 시끌시끌 수다 떠는 시간은 또 얼마나 즐거운가. 가만히 있는 남편과 자식들을 실없이 들었다 놨다 하며, 웃음보가 터지는 동안 박작거리던 머릿속이 다 비워진다. 남대문시장에서 싸게 산 옷가지가 마음에 들 때도 입을 적마다 기분이 좋다.

　결혼 후 지방에서 살다가 서울로 올라오자 바로 학부모가 되었다. 다달이 반상회가 열리던 때였는데 연령대가 나와 비슷한 주부들이 주로 참석했다. 간단한 회의 후 차담 시간마다 강남 집과 그쪽 아이들의 학업성적이 거의 단독 화제로 등장했다.
　그것은 아이들이 커가는 동안 끊임없이 재생산되는 관심사로, 자녀의 성공이나 어떤 집을 장만하느냐가 우리의 희망이나 과제로 인식되는 듯했다. 모름지기 그 일만이 미래의 행복을 보장하는 것처럼.
　행복은 개인적인 성향에 따라 다양할 수 있는데. 시대나 세상이 일러주다시피 한, 획일화된 행복의 틀에 어지간히 갇혀 살았던 때가 아니었나 싶다. 세상 흐름을 남들처럼 재바르게 읽어내지 못하는, 어정뜬 내가 적응하기에는 무척 혼미스러웠던 시기였다.
　심리학자들의 이론이 아니더라도 행복은 거창한 관념으로 추구해야 할 대상이 아닌 것 같다. 장기간의 노력 끝에 성취한 행복을 한 번 강하게 느끼는 것보다, 작은 행복이라도 빈도가 잦은 것이 정신을 풍요롭게 한다는 사실도 나이 들수록 와닿는다.

푸르른 시절에는 이런저런 구실을 달아가며 짐 꾸릴 틈을 노리곤 했다. 일상의 나른함을 떨쳐내고 활력소를 찾는 데는 장거리 여행뿐이라며. 언제부턴가 해외는커녕 가까운 명소조차 잘 찾지 않는다.

자연의 수런거림을 경청할 줄 아는 세월이 따로 있는 모양이다. 요즘은 마당에서 펼쳐지는 봄꽃들의 행진을 바라보는 행복이 하도 커서 대확행이라 일컫고 싶다.

주어진 나의 삶을 제대로 바라보며 현재의 시간을 어떻게 즐길 것인가, 마음에 두고 소소한 행복을 누리며 살아가리라.

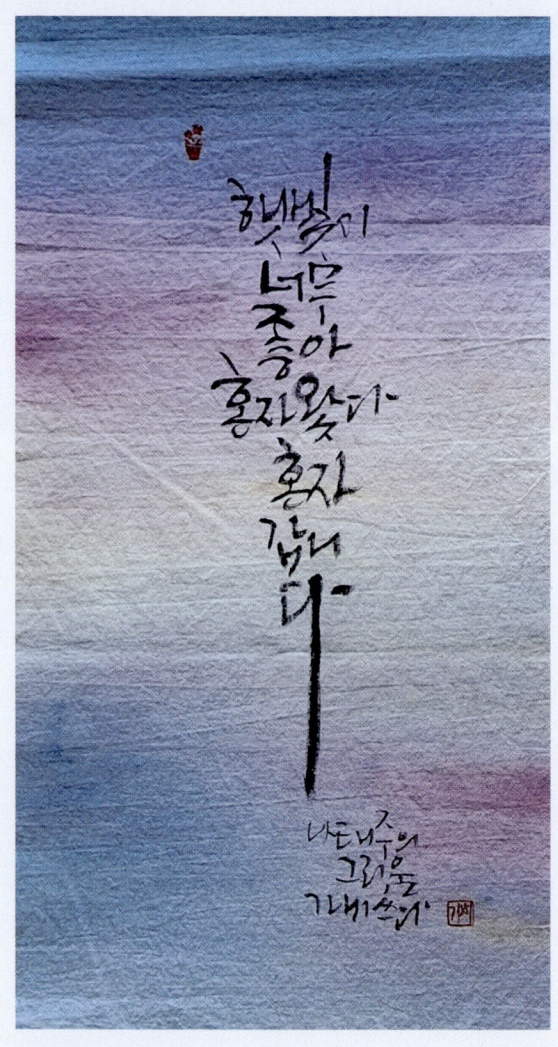

섬유채색화 28cm×25cm
광목천, 패브릭물감, 먹

# 공간을 즐기다

 젊어서는 시간을, 나이 들어서는 공간을 즐긴다고 한다. 세 평 남짓한 우리 집 테라스가 날마다 그 말을 실감나게 한다. 이른 아침부터 밤늦은 시각까지 풀방구리에 쥐 드나들 듯 내가 들락날락하는 곳이다.

 비어있던 테라스에 그늘막을 쳤다. 허공에 지붕 하나 얹었는데 분위기가 달라졌다. 내친김에 마루와 야외용 테이블을 놓았더니 제법 아담해졌다. 바깥 소음에 민감한 내가 이 공간을 제대로 활용할 수 있을지, 공사하는 내내 집과 인접한 도로에서 뿜어내는 굉음에 신경이 쓰였다.

 염려는 기우일 뿐이었다. 소음도 테라스와 마주한 숲에서 비나 바람, 새들이 들며 날며 풀어놓는 날것의 소리에 묻혀버렸는지, 귀가 관심이나 시선이 머무는 쪽의 소리만 듣도록 길들여졌을 수도 있겠다.

　가을을 넘기며 서릿바람이 살품으로 파고들 때쯤이면 얼씬 못하리라 했는데 그것도 기우였다. 등허리로 찻잔 위로 겨울 볕살이 따습게 내려앉는다.

　새벽에 눈 뜨자마자 나는 곧장 테라스로 나온다. 찬거리를 다듬고 씻고, 캠핑장에 온 양 여기서 하는 일은 일이 아니다. 테이블에 두어 가지 찬만 놓아도 성찬이 되고, 저녁노을을 바라보며 와인 잔을 기울이기도 한다. '담장 위에 떡 올려놨어요' 옆집으로 먹거리가 오가는, 시골에서나 봐온 풍경까지 정겨움이 넘나든다.

　여기서는 실내가 들여다뵈지 않으니 자질구레한 집안일을 덮어둔 채 해찰하기에도 안성맞춤이다. 수십 년을 아파트에서만 살아온 내게 주어진 선물 같은 공간이다. 마루에 걸터앉으면 자연인이 된 듯 몸과 마음이 헐렁해진다.

　고개 들면 뭉게구름이 몸을 바꾸며 흘러가는, 요즘 말로 감성 돋게 하는 여기에서 나는 혼자 멍때리고 혼자 차 마시며, 혼자 보내는 시간이 달콤하다.

파룻하니 봄물이 들 때부터 빈 가지가 될 때까지 눈앞에서 내 미감(美感)을 자극하는 나무들. 풍경을 오래 바라보는 일이 문학이 된다더니 내 안에 움츠려 있던 에너지를 들추게 하는가. 신문을 훑어보고 책 읽는 데도 끈기가 붙었다.

오랜 시간 머릿속에서만 맴돌던 소재들이 활자화되는 것도 주로 이곳에서다. 글쓰기에 대한 자발적 빚으로 늘 마음이 무거웠는데. 언감생심이었던 내 책이 탄생할 수도 있겠다는 욕심까지 꿈틀거린다.

코로나 펜데믹으로 집콕(?) 증후군을 호소하는 사람들이 늘고 있을 때였다. '코로나 블루'라는 신조어까지 등장한 형국이었으니. 만날 사람도 장소도 제한되는, 간결해진 생활 패턴에 자신이 살아가는 세계가 점점 좁아진다는 하소연들이 커져갔다. 나는 진득하게 마음 붙일 곳이 생겨서일까. 내 안의 나와 함께 즐기며 시간을 유용하게 보낼 수 있었다.

'혼자 있다고 해서 외로움을 느끼는 사람은 정신생활이 빈약한 사람, 자신과 대화할 줄 모르는 사람은 또 다른 육체를 가진 타인을 찾아 방황할 뿐이다.' 백세 철학자의 일기에서 밑줄을 굵게 쳤던 문장이다. 오랫동안 머리로만 끄덕여지던, 내게는 쉽지 않은 화두였다. 혼자 있는 능력이 아주 중요한 자질이라고 역설한 어느 정신의학자의 말도 진작부터 공감이 갔다.

글을 쓰는 사람들은 혼자만의 시간을 아끼며 즐긴다. 아직 작가 반열에 낄 깜냥이 안 되어서일까. 나는 자신과의 대화는커녕 남이나 바깥에서 오는 한순간의 즐거움에 연연하다, 돌아서서 허전해하며 시간을 허송한 적이 많았다. 혼자 가뿐히 다녀올 동네 산도 동행할 사람을 찾고, 시끌벅적한 수다 속에서 정작 자신과의 만남이나 고즈넉한 풍경을 놓치기 다반사였다.

집 한 칸이 세상 전부인 양 살아가는 글동무가 있다. 건강 문제로 중년 끝자락부터 외출을 접은 채 글쓰기와 텃밭에 재미를 붙이며 지낸다. 온라인으로만 소통하는 그녀가 지난해 신춘문예 등용문을 활짝 열었다.

깨어있는 의식으로 바깥세상을 향한 안테나를 잘 장착하고 무료하거나 외로워하지 않는, 그녀다운 마음가짐이 큰일을 해내었으리라. 뿐만 아니라 자기자신을 확장하는 데, 광장이 아닌 다락방이어도 족하다는 걸 보여준 셈이다.

나 홀로 시간의 감정을 나른하게 때로는 따분함으로 소비해오던 내 속에서도, 늦었지만 그 알을 깨고 또 다른 내가 뚜벅뚜

벅 걸어 나오고 있다.

혼자 행복한 사람은 평생 행복할 수 있다고도 한다. 시니어 세대의 마음가짐 중, 혼자 지내는 습관 들이기가 첫 줄에 놓인 연유를 짐작케 하는 말이다. 나이 들수록 나 홀로 시간의 마음 관리가 남들과의 소통 못지않게 중요한 까닭 아니겠나.

자칫 외로움이나 무력감의 늪에 빠지지 않으려면 독립적인 자세와 함께 나만의 정신세계를 단단히 구축해야 할 것 같다. 정신의 탄력이 전제되어야 내면에 활력이 생길 터이므로.

자유와 평온이 혼자일 때 찾아온다는 것을 알아가는 일이 나이테를 감은 내 연륜 덕이기만 할까. 이 공간이 혼자서도 행복감을 체득하도록 내 안의 나를 일깨워 주어서일 것이다. 소설가 로버트 디세이는 말한다. '느긋하게 있을 때 우리는 가장 치열하고 유쾌하게 인간다울 수 있다'라고.

항구에 정박한 배처럼 느긋해지는 이 테라스에서 삶을 유연하게 가꾸어 가리라.

꽃 1 35cm×65cm
화선지, 먹

# 미안하다 고향아

'고향 가기가 두렵다'라는 어느 작가의 글이 한동안 내 마음을 붙들었다. 고향에 대한 부정적 이미지를 적나라하게 드러낸 작품이다. 굳이 감추고 싶지는 않지만 고향이란 말에 공연히 불편해지는 내 정서를 들켜버린 듯한, 묘한 기분마저 들었다.

향수란 모든 이들이 지닌 숙명일까. 어느 시대 누구에게나 고향에서의 삶은 그리움의 대상이거나 행복했던 시절로 기억되는 모양이다. 고향이라는 낱말 뒤에는 으레 산이나 강, 바닷가가 등장하고 그곳을 둘러싼 추억들이 한결같이 아름답게 포장된다. 지독한 춘궁기의 궁핍함까지도 그때는 정이 있었노라며 미화시키는 예찬론들을 보면 나는 그만 부끄러워진다.

나의 서정이 섬세하지 않아서인가. 나는 고향에 대한 향수를 절절하게 느껴본 적이 별로 없다. 일 년에 두어 번 쐴까 말까 하는 고향 바람조차 가슴 설레기는커녕 그저 무덤덤할 뿐이다. 고향에는 시댁도 친정과 지근거리에 있지만, 명절이나 집안 행사로 잦았던 시골 나들이도 어른들의 역귀성(逆歸省) 풍조에 따라 뜸해진 지 오래다.

'나이 들면 시골 와서 새집 짓고 살거라.' 시어머니는 장남에게 대물림을 바라신다. 늘그막에는 귀향하는 게 어떻겠느냐고 남편도 은근히 종용하는 편이다. 나는 건성으로도 대답이 내키지 않아, 아직 먼 일이라며 얼버무리고 만다.

내 마음 한 자락에는 전원생활에 대한 꿈이 늘 자리하고 있다. 그렇지만 내 정서의 근간을 이루게 한 전원적인 고향과 삶의 한 시기를 보낸 의식 속의 고향은 뉘앙스가 있나 보다.

내가 태어나고 자란 곳은 지평선이 가없이 둘러쳐진 들녘에 엎드린 촌락이다. 배산임수(背山臨水)와는 거리가 멀다. 고향의 봄은 노랫말 속에서나 아름다웠지, 논농사에 의존하던 우리 동네에는 복숭아꽃 살구꽃이 없었다.

세월이 흘러도 행복한 기억은 나이를 먹지 않는다고 한다. 내게도 고향에 대한 아름답고 따뜻한 추억이 없을까마는 어두운 단상이 더 짙기 때문일까. 기억을 더듬다 보면 녹슨 철로처럼 낡고 허섭한 풍경들이 먼저 다가온다.

마을 어귀에 자리한 조합은 동네에 하나뿐인 가게였다. 헐렁한 여닫이문은 벌겋게 녹슨 양철지붕을 인 채 바람이 부는 대로 덜커덩거렸다. 진열장 위에 엉성하게 놓인 건빵 눈깔사탕 두루마리 빵은 종일 주변을 서성거리는, 배가 굴풋한 아이들에겐 그림의 떡이었다.

시간을 죽일 일조차 마땅찮은 동네 청년들은 하릴없이 조합 앞 공터에 모여들었다. 그들은 땅에 구멍을 파 놓고 아침부터 동전 던지기에 열을 올렸다. 엿장수의 엿판을 둘러싸고 엿가락 치기로 내기할 때는 공연히 소리까지 벅벅 질러댔다. 어린애들 틈에 끼어 싸움을 붙이는가 하면 뒤섞여 깡통 차기를 하느라 마당은 늘 북새통이었다. 저녁이면 화투판을 벌여놓고 긴 밤을 밝히곤 했다.


작은 공장이 있는 소읍도 아니고 나뭇짐을 해 나를 수 있는 산촌도 아니다. 어중간한 농촌의 농한기는 길었고 한가한 시간이 많은 만큼 푼돈은 궁했다. 떼 지어 골목을 누비며 시시한 놀음으로 하루해를 끌어가던 청년들. 그들은 한창 푸르른 청춘이었다.

시인 이상(李相)의 수필 '권태(倦怠)'는 당시 궁핍한 벽촌의 일상을 소재로 다루었다. 아마 동네 청년들의 모습에서도 그보다 더한 권태와 남루가 흘러내리지 않았을까.

온종일 발길 닿는 데마다 지독한 권태로 몸서리치는 책 속의 장면들이 읽을 때마다 참 리얼하게 다가온다. 고인 물처럼 일상은 무료하고 풍경은 막막하던 고향에서의 한때를 그 글에서 발견하기 때문이지 싶다. 시골의 고요함이나 황막한 벌판의 녹색, 가축들에게조차 권태로운 작가의 시선이 전형적인 농촌의 단조로운 삶에 나른했던 나를 불러 내는 모양이다.

수십 년 세월의 힘은 고향 땅에도 상전벽해(桑田碧海)를 일으켰다. 봄바람에 넘실대는 보리 물결도 오곡이 여무는 금빛 물결도 사라진 지 오래다. 온 들판이 특수작물인 대추와 복숭아를 생산하는 과수원으로 탈바꿈해서 마을 언저리부터 과실수로 울울창창하다.

과일은 날씨 따라 시간을 다투는 상품이라 계절도 명절도 아랑곳없이 일손을 부른다. 시퍼런 청춘마저 무료했던 농한기가 언제 있었나, 요즈음 농촌은 사시사철 농번기라 해도 지나치지 않다.

  사는 일은 어느 시대나 이율배반적일 수밖에 없는 모양이다. 한 알의 열매도 돈으로 환산되는 셈법이 눈에 보이니, 요즈음 농가의 삶은 늘어나는 수확만큼 고단하고 팍팍해졌다.

  허름하던 조합은 콘크리트 건물로 새단장되어 노인회관으로 자리 잡았다. 자식 인생이 곧 내 인생이라는 신념으로 우골탑(牛骨塔)을 쌓았던 우리네 부모님들이 한자리에 모여 회포를 푸는 공간으로의 변신이 다행스럽다.

  고향이란 떠난 자의 가슴에 남아 있는 이름이다. 많은 이들이 정신적 고향 상실로 아쉬워하고 있지만, 나는 기억 속 고향에도 남아 있는 고향에도 그리 따뜻한 정을 붙이지 못하는 것 같다. 하지만 마음 한편으론, 살가운 눈길을 주지 못하는 고향에 미안하다는 생각이 문득문득 스치곤 한다.

  요즈음 고향의 봄날은 피고 지는 복사꽃으로 분홍빛 바다를 이룬다. 흐르는 건 세월만이 아니라 사람도 흐른다. 세월 따라 고개 넘다 보면 자주 나서고 싶어지리라.

  아름다운 고향의 봄이 거기 있어서.

## 2

### 그 품결 안에 머물 실미

가을은 그리움의 계절
그리움의 끝에끈 당신

©Design by  Calligraphy

그리움 7inch×5inch
엽서(띤또레또), 붓펜

# 그 풍경 안에 머물고 싶다

볕이 한결 부드러워졌다. 구름이 바람의 결을 따라 흩어지면 가을이 시작된 것이라더니 설핏 불어오는 바람이 싸하게 와닿는다. 무딘 마음의 안쪽으로도 가을이 오고 있나 보다.

뒤뜰에 어정거리는 바람이 스산해지기 전에 찾아 나서고 싶은 풍경이 있다. 코스모스가 만발한 들길이다. 기왕에 나락이 누릇누릇 익어가는 논둑길이면 더할 나위 없겠다.

온 들판이 옅은 금빛으로 물들고 있을 때이다. 하지만 시절 따라 만물이 다 풍요롭지는 않다. 여름내 무성하던 잎새며 풀이 순순히 시들고 제 할 소임을 마친 여름꽃들도 후줄근해진다. 이런 조락의 계절에 빨강 분홍, 하얀 빛깔로 어우러진 코스모스 군락은 풍성함을 안겨 준다.

컴퓨터에 입문할 때 나는 닉네임을 단번에 코스모스로 등록했다. 사시사철 피는 꽃들 중 각별하지 않은 종이 있을까마는 코스모스만큼 나를 매료시키는 꽃은 없다.

코스모스는 꽃잎이 담백하되 현란하지 않다. 그래서인지 여느 꽃처럼 예쁘다거나 화려하다는 수식어와는 잘 맞지 않는다. 유년의 말간 얼굴 같기도 하고 막 세수를 끝낸, 앳된 소녀의 민낯 같기도 하다.

나는 카메라에 주로 자연풍경을 담는다. 휴대폰 앨범에 어떤 절경 속에도 내 모습은 거의 없다. 코스모스 꽃무리에 묻히어 찍은 사진만 수두룩한 걸 보면 거의 해를 거르지 않고 그 풍광을 찾아다녔지 싶다.

지난해에는 산길로 들어섰다가 작은 절을 만났다. 법당을 돌아 나오는데 어스레한 뒷마당에서 코스모스 한 무더기가 눈에 들어왔다. 한 무더기라 해봤자 열댓 포기나 될까. 평화로우면서도 쓸쓸한 늦가을 잔광을 받으며 담장에 기댄 채 바람을 맞고 있었다.

적막한 뜨락에 퍼지는 예불 소리 탓인지, 마음 뒤뜰에 쓸쓸한 심사도 거느릴 줄 아는 사람처럼 처연함이 묻어났다. 길손의 마음이 속절없이 흔들리어 자꾸 뒤돌아보며 걸음을 옮겼다.

 젊은 날, 추석 명절의 시댁 나들이가 뽀로통해질 때도 시골의 코스모스길을 떠올리면 금방 그 기분이 상쇄되곤 했다. 금빛 들판과 신작로를 따라 온몸으로 넘실거리는 코스모스 물결!
 금상첨화(錦上添花)란 그런 풍경을 두고 이르는 말이 아닐까. 코스모스가 잘 어울리는 곳으로 그만한 배경이 없지 싶다. 시골길에서 만나는 그것들의 행렬은 내 마음을 만석지기처럼 부자로 만들어 주었다.
 어느 해인가 강변에서 열리는 코스모스 축제에 갔다가 실망한 적이 있다. 드넓은 밭에 꽃모를 부어놓은 못자리 같은 데다가 서둘러 피어서인지 꽃잎마저 성글었다. 나락 논을 거느리고 출렁일 때의 풍경만이 코스모스의 완결판인 양 각인된 걸까. 내가 상상한 코스모스의 진면목을 그곳에서는 볼 수 없었다.
 바람에 북슬북슬 억새꽃이 부풀어 코스모스와 섞이어도 그 또한 진풍경이다. 한가지 꽃 안에 풍성함과 함께 쓸쓸함을 담고 있어서인지, 코스모스의 또 한 계절은 무릎 꺾인 풀들이 흔들릴 즈음이 아닌가 싶다.

코스모스는 홀로 다소곳이 피어 있으면 어딘가 약한 듯 시름겨워 보인다. 화단 모퉁이에 네댓 송이가 하늘거려도 가녀린 고것들의 몸짓에서 애잔함이 묻어난다. 갈바람이 한창 웅성거릴 때면 둥두렷이 뭉쳐 있어도 뒤꼍에 고인 늦가을처럼 스산해 보인다.

코스모스는 썰렁해진 바람결에 가을 억새처럼 물기 없이 제 몸이 사위어가도 꽃잎을 잘 떨구지 않는다. 스러지기 직전의 처연함이 막바지 아름다움으로 느껴지기도 하지만, 그 무렵의 코스모스를 바라보노라면 한 계절이 저물고 한 세상이 닫히는 듯하다.

산뜻한 빛깔로 무리 지어 들길을 환하게 수놓는 코스모스. 환한 숲에도 남모르는 그늘이 있듯이, 지난날이나 사람에 대한 아련함과 쓸쓸함을 불러일으키기도 한다. 상그러운 길섶에 서서 강을 내려다보거나 호젓한 들길에 수줍게 피어 있는 그림도 상상해 본다.

올가을에도 여름내 무디어 있던 내 감성을 슬그머니 돌려세울, 그 풍경 안에 오래 머물고 싶다. 자질구레한 일상이 섞이지 않은 사유만 하면서.

가을엔 누구나 숲을 거닐다 길을 잃어볼 일이라는데, 코스모스 숲에서는 길을 놓쳐도 좋으리라.

첫눈이 가장 먼저 내리는 곳은
날들
첫사랑이라고
말하던
너의 입술 위다
그렇다
누굴 사랑해본 것은
네가
처음이라고 말하던
낡은 입술 위다

첫눈이 가장 먼저 내리는 곳(정호승) 55cm×35cm
화선지, 먹

# 누님 축하합니다—

아침 식탁에 앉은 남편이 웬 미역국이냐는 눈치다. 기념일을 잘 챙기는 편인데 이번 생일도 놓쳤나 보다. 매사 그리 관대하지 않은 내가 생일에 대해서는 너그러워진다. 내 생일이 본의 아니게 몇 번 바뀌었기 때문이다.

나는 음력 1월 7일 말띠 해에 태어났다. 말띠가 팔자가 세서 시집을 잘 못간다는 등 속설이 난무하던 시절이었다. 조부께서 손녀의 앞날이 염려되었던지 호적에다 한 살 아래인 양띠로 올리라 하셨단다.

옛날 시골에서는 한 해 태어난 동네 아이들의 생일이, 더러는 이장이 면사무소 출입하는 날로 정해졌다고 한다. 내 생일도 호적에는 양띠 해에다 날짜가 바뀌어 1월 20일로 올려져 있다.

요즈음의 말은 귀족 같은 풍채만큼 고급 동물로 대우받는다. 내가 자랄 때는 볼품없이 깡마른 체구인 데다, 짐을 산더미같이 실은 달구지를 끌고 골목길을 헉헉대는 짐승에 불과했다. 주인이 역정이라도 내는 날이면 마부가 휘두르는 채찍질이 참혹할 정도였다. 말띠에 팔자까지 들먹이며 속설이 분분했던 까닭은 그런 동물의 운명이 연유되지 않았을까.

나는 자랄 때나 시집와서도 일복이 없는 편이었다. 온종일 고달픈 노동에 시달려야 하는 말의 신세에서, 산등성이를 오르내리며 한가로이 풀을 뜯는 양의 팔자로 바뀐 덕택일지 모른다.

나와 남편은 초등학교와 중학교 동창인 동갑내기다. 풋사랑이 자라 탱자처럼 탱글탱글 영글어가던 어느 날, 느닷없이 생일이 언제냐고 물었다. 1월생으로 옹골찬 나이를 먹은 나보다 그가 늦게 태어났을 거라는 생각이 퍼뜩 스쳤다. 연상 연하 커플이라는 말조차 없던 시절이었으니 마뜩잖게 여길 것 같아서였다.

대답 대신 되레 그의 생일을 물어보았다. 아니나 다를까, 11월 19일로 앰한나이이다. 내 생일은 12월 7일, 슬쩍 달의 숫자를 바꿔 버렸다. 내가 일 년 가까이나 세상 구경을 더 했는데, 며칠이나마 덜 한 셈이 되면서 다시 생일이 바뀌는 순간이었다.

적절한 기회에 바로잡으리라 맘먹고 대수롭잖게 생각했는데 며칠 뒤 만난 그의 표정이 싱글벙글하였다. 시어머니가 궁합을 본 결과 아주 좋더란다. 사주를 중히 여기시는 어머니가 생년월일을 알아 오라는 분부였고, 행여 어긋나는 궁합이라 손사래 칠까 봐 애간장이 탔던 모양이었다.

그가 엉거주춤한 나의 표정을 읽었을 리 만무했다. 이 행복한 고민은 나의 몫이 되었고, 친정에서는 쉬쉬하며 다 된 밥에 코 빠뜨리지 말자고 했다.

결혼 후 첫 생일 때였다. 시어머니가 찹쌀이며 떡을 준비해서 먼 길을 오셨는데 무시로 드나드시던 친정어머니와 마주치게 되었다. 두 모녀가 열한 달이나 늦춰진 생일을 미처 생각해 내지 못해서 얼마나 당혹스럽던지.

처음엔 남편이나 시댁에 긁어 부스럼 내지 않으려 조심했는데 세월이 지나면서 배짱이 생겼다. 이웃이나 부부 모임에서 동갑내기니 나이 얘기가 나오면 주저 없이 우리의 사연을 화젯거리로 삼곤 했다. 그래도 등잔 밑이 밝아지기가 쉽지 않은 모양이었다.

나의 속임수가 서른 해가 넘도록 건재하는 동안, 남편은 생일 아닌 생일에 케이크를 사다 날랐고 그날의 주인공은 억지 춘향이로 미역국을 먹었다.

어느 날 문득 아내가 한 살쯤 연상이라는 사실을 알게 된다면 그것이 남편의 심기를 건드리는 일이 될까? 한 선배는 굳이 드러내지 말라는 귀띔까지 했다.

예나 지금이나 부부 사이에 정신 연령이 중요하지, 생일이 몇 년 앞서거니 뒤서거니 하는 생체 나이가 무에 그리 대수롭겠는가. 일관된 나의 소신이었지만 사실은 말이야, 하며 섣불리 털어놓을 수가 없었다.

장난삼아 힘겨루기할 때면 나는 두 손으로도 그의 한 손을 감당 못해 넘어지기 일쑤다. 같은 나이인데 나는 왜 힘을 못 쓸까, 억울해하면 '오뉴월 하루 볕이 얼마나 무서운데' 으스대는 남편의 기를 단번에 꺾어놓을 용기가 없었기 때문이다. 그가 한 보름 먼저 세상에 나왔다는 착각을 하는 동안 나의 실제 생년월일은 어렴풋해졌다.

여러 해 전 일이다. 남편이 퇴근길에 큼직한 케이크를 사 들고 왔다. 웬 케이크냐고 묻자, 느닷없이

"누님께 드리려고 사 왔지."

한마디 휙 던졌다. 여형제는커녕 사촌까지 둘러봐도 누나라곤

없는 사람이 뜬금없이 웬 누님이란 말인가. 그의 말이 의아스러워 빤히 쳐다봤다.

"뭐, 생일이 어떻게 됐다고, 아무튼 누님 축하합니다."

우리는 마주보며 배꼽을 잡고 웃었다. 그날은 음력 1월 7일, 내가 태어난 날이었다. 내가 우리의 생일 이야기를 어느 문예지에 실은 것을 그가 읽었던 모양이었다.

'그리 오랫동안 날 속이고 살았더냐' '어머니 우리 궁합 다시 보면 안 될까요' 시어머니도 오래전 궁합에 연연했던, 당신의 나이를 훌쩍 넘긴 며느리를 바라보시며 벙긋이 웃으셨다. 풋밤을 키워 알밤으로, 그 알밤들을 단도리하여 가을 한복판에 이른 우리의 풍경이 잘 여문 밤송이로 보이기라도 했을까.

제자리를 찾은 내 생일이 언제쯤에나 남편의 뇌리에 제대로 저장되려나.

캘리그라피, 섬유채색화(나비바늘꽃) 50cm×45cm
광목천, 패브릭물감, 먹

# 공식적인 백수

친구로부터 만나자는 전화가 왔다. 전철을 타고서야 강의 나갈 딸의 밥 생각이 났다. 금방 돌아올 작정이었는데 동료에게 사기를 당했다는 그녀에게 말벗을 해주다, 저녁 무렵에야 헤어졌다. 집에 오니 딸은 찬밥을 먹은 둥 만 둥 나갔고 퇴근한 아들도 허기진 채 잠들어 있었다. 모처럼 일찍 귀가한 남편까지 길거리에서 사 온 샌드위치로 저녁을 때우는 중이었다.

내가 집을 비운, 불과 네댓 시간 사이에 온 가족이 한 끼 해결에 비상이 걸린 셈이다. 이래도 내가 백수일까? 요즘은 파트타임의 일자리도 다양해서 전업주부도 일을 찾아 나서는 추세이다. 이런 시대가 나를 백수로 일컫는다 해도 무리가 아닐 성싶다.

나는 전업주부다. 그것도 수십 년의 이력을 가졌는데, 한때 내가 속한 온라인 카페에서 '공식적인 백수'로 통했다. 그냥 백수가 아닌 공식적인 백수라니, 그래도 반박하고 싶지는 않았다. 주부로서의 자긍심은커녕 스스로도 백수로 여기며 살아온 세월이 많았기 때문일 게다.

내가 백수로 살아온 게 좀 아이러니하다. 결혼 전부터 나는 전업주부에 거부감을 가졌다. 경제적인 면을 차치하고라도 내 일을 갖고 싶어서였다. 여자는 그저 남편 잘 만나 살림하는 게 복이라는, 당시로선 그럴 법한 진리(?)를 수긍하기가 왜 그리 어려웠을까. 결혼이나 가정보다 사회적인 일을 우선시하고, 전업주부와 겸업주부를 선택이 아닌 능력이나 의식의 문제로만 해석했던 모양이다.

담장 밖의 세상을 넘보다 보니 무탈하고 따뜻한 가정 안에서 나는 늘 허기가 졌다. 또래 주부들이 방싯거리는 아기와 입맞춤하며 주방에서 콧노래를 흥얼거릴 때도, 나는 돌아서서 공연한 허탈감을 감당하느라 힘이 들었다.

육아며 가사가 무엇에도 비견될 수 없는, 보람된 일이라 여기는 그들과의 소통도 좀 거북스러웠다. 가구를 닦고 정리정돈하며 여가 시간을 맞바꾸는 주부들이 은근히 못마땅하기도 했다.

그런 비생산적인 일이 가치가 있느냐고 속으로 나무라기까지 하면서. 가족을 위해 몸을 부리는 여느 주부들의 건강한 일상을 두고 말이다.

집안일에 대한 의미니 가치니 쓸데없는 분별을 하느라 내 마음은 늘 안정되지 않았다. 주부가 한눈파는 만큼 가정에 빈틈이 생기게 마련이다. 스스로 불러들인 정체불명의 허기를 감내하느라 대책 없이 끙끙대는 동안, 그 피해는 고스란히 가족에게 안겨졌으리라.

"아빠가 자상하지, 엄마가 심심할까 봐 우리가 있지, 그렇다고 집이 가난하지도 않은데 엄마는 왜 재미가 없을까? 그래도 어쩔 수 없다면 인생이 그냥 그런 것이라고 생각하면 안 될까요."

일찍 철이 든 초등생 딸의 말은 지금 생각해도 가상해서 웃음이 난다. 수시로 일어나는 주부병이란 바람이 어린애의 마음으로도 보였던 모양이다. 나는 눈빛 초롱초롱한 아이의 충고(?)도 아랑곳하지 않았으니 젊어서라기보다 아둔한 탓이었을 게다.

사춘기 즈음의 아들과도 부딪치는 일이 잦아졌다. 뚜렷하게 짚이진 않지만 아이들과의 사소한 불협화음이 터닝포인트가 되었던가 보다. 자식을 품어 키우는 어미는 모름지기 가슴에 우주적인 울림을 간직하고 있다는데. 주부로나 엄마로서의 몫을 당연하고 대수로운 일로 수용하지 못하고 가벼이 여겨왔다는 자괴감이 꿈틀거렸다.

사는 일은 그저 주어진 현실에서 하루하루의 몫을 즐겁게 해내는 일일진대. 지천명의 고개를 마주하고서야 지난날의 어중간한 페미니즘적 사고가 얼마나 자기중심적이었던가, 당황하면서 깨닫기 시작했다. 일상의 의식주 바깥에만 있다고 여겨왔던 삶의 가치를 소소한 집안일에서도 찾을 수 있다는 것을 알아차리게 된 모양이다. 이미 젊음을 저만치 흘려보낸 뒤였지만.

주부의 일이 충분히 창의적일 수 있다고 강조하던 친구의 지론도 뒤늦게 고개가 끄덕여졌다. 아이들 키우며 밥하고 청소하고, 별것 아니라 치부하던 일을 세상의 근간을 이루는 건강한 노동으로, 내 의식의 전환 때문이리라.

언제부턴가 TV 프로 '금쪽같은 내 새끼'의 애청자가 되었다. 자식들은 불혹 언저리에 이르렀고 손주도 없는데 그 콘텐츠가 진지하게 와닿는다. 출연자의 육아 과정을 지켜보면서 전문의의 소견을 듣다 보니, 부모로 인한 결핍이 아이에게 미치는 영향에 대해 생각이 많아졌다.

우리 아이에게도 마음 저 깊은 곳에 웅크리고 있을지 모를 내면아이가 상상되어서이다. 낙천적 성향인 데다가 내리사랑의 혜택을 받은 작은애보다, 기질이 민감한 큰애 속의 그 아이가 나를 울컥하게 할 때가 있다. 시의 제목처럼 지금 알고 있는 걸 그때도 알았더라면, 어땠을까.

워킹맘이 대세인 시대지만, 이왕 가사에 전념할 바에야 직업이라는 의식을 갖는다면 주부들에 의해 세상이 더 단단하고 촘촘하게 업그레이드될 것이다. 코가 큰 그물로는 작은 물고기를 가둬둘 수 없을 테니.

전업주부도 열린 세상을 맘껏 누리며 살아가는 시대다. 가사의 무게와 피로를 문화적으로 해소할 수 있는 기회나 콘텐츠도 다양해지고 있다.

나이를 먹어도 내 삶은 나만의 것. 가정사에만 묻히어 살아가기보다, 자아를 찾는 삶에도 연연한다면 건강하고 생산적인 주부로 살게 되지 않을까.

꿈 7inch×5inch
엽서(띤또레또), 붓펜

# 결혼 적령기

외삼촌과 안부 전화 끝에 지난달 늦장가 든 외사촌 얘기가 나왔다. 짝을 만나 분가시켰으니 홀가분하겠다며 내가 의례적인 말을 건넸다. 삼촌은 혼사를 치르기 전에는 늘 마음이 무거웠다며 요즘은 살맛이 난단다. 들뜬 목소리로 신접살림 풍경까지 장황하게 늘어놓더니, 마흔 살 넘은 며느리가 임신을 못 할까 봐 걱정스러운 심기를 드러냈다.

그러다 마흔 즈음인 우리 자식들 화제로 이어졌다. 독립은 했지만 아직 싱글들이라 대꾸하기도 어중간하던 참에, 딸이 지난해 박사학위를 받았다는 말이 슬그머니 나와 버렸다. 삼촌은 큰일이라도 난 듯한 어조로 결혼부터 서둘러야 한단다. 똑똑한 여자 좋아할 남자가 있겠느냐, 학위는 꼭꼭 숨겨라, 출산도 급하지 않느냐며 어투가 점점 간곡해졌다. 딸이 박사과정만 거의 십 년이나 전력투구한 뒤의 성과라, 우리는 아직 경사스럽기만 한데.

외삼촌과 내 연령차는 열 살에 불과하다. 결혼관은 강 하나가 흐르는 듯 거리감이 느껴지자, 까마득한 시절 시어머니와의 간극을 떠올리게 한다. 어머니는 내가 첫아이를 갖자마자 말끝마다 아들 타령이었다. 첫딸을 낳은 이웃 새댁이 다음에 아들을 못 낳을까 봐, 딸만 둔 친정 언니를 시댁 어른이 어떻게 가만두느냐며. 심지어 우리가 아들이 없을 경우 남편이 어디서라도 낳아 와야 내 신상이 편하다는 말씀까지, 들을수록 점입가경이었다.

어머니는 삼십 세 전에 남편을 여의셨다. 파란만장이라는 거대한 명사로도 표현이 부족할, 격랑의 여울을 건너오다 보니 아들이 신앙이 돼버렸을까. 나는 첫아들을 못 낳으면 마음고생이 길어지겠다 싶어 배 속의 아기가 아들이기만을 바랐다. 그 바람은 태아의 건강까지 뒷전일 만큼 어린 새댁의 어깨에 천 근의 무게로 얹혔다.

아들 선호는 당신의 강경한 철학일 뿐, 내 의사와는 무관한데. 어머니의 권력이 절대적인 집안의 분위기로 보아 마음 여린 남편이 구원투수가 되는 일은 어려울 것 같았다.

간절함이 하늘에 닿았던지 아들을 낳았을 때, 다시는 해내지 못할 과제를 완수한 기분이었다. 어쩌면 내 아들이기보다 어머니 손자로서의 자리가 더 크지 않았을까. 실수로 갓난아기를 목욕물에 빠뜨렸을 때나 세 살배기를 시장통에 잃어버렸을 때, 정신이 아뜩했던 그 순간에도 내 눈앞에 어머니의 얼굴이 왔다 갔다 했으니 말이다.

'아들 하나 더 낳고 딸 낳아야지' 어머니의 손자 욕심은 집요했다. 딸이든 아들이든 한 아이만으로 족한 내 의사는 내색조차 어림없었다. 딸은 아이를 더 낳아야 한다는 내 의무감에서 태어났다 해도 과언이 아닌데, 세상에서 가장 큰 선물을 어머니로부터 받은 셈이다.

딸은 또래보다 말을 빨리 시작하는 등 떡잎부터 남달라 보였다. 걸음마 시기에도 자지러지게 울다가 책만 보여주면 금세 그치는가 하면, 글을 깨치면서는 읽고 쓰기가 놀이였다. 읽다가 아름다운 문장이 나오면 쪼르르 다가와서 '엄마, 얼마나 예쁜 글인지 들어봐' 몇 구절씩 또박또박 읽어주곤 했다.

초등학교 저학년 무렵, 교보문고에서 책을 산 날이었다. 전철역으로 가면서도 책에서 눈을 떼지 않고 읽다가, 느닷없이 책 가게 아저씨 결혼했느냐고 물었다. 안했다면 자기가 클 때까지 꼭

기다려 달라고 부탁하란다. 책을 맘껏 보고 싶다면서. 지금도 '엄마 손 잡고 서점 드나들던 때가 제일 행복했다' 할 때면, 어린 날의 그 말이 떠올라 웃음이 난다.

책에 묻히어 문학 속으로 깊숙이 빠져들며 성장기를 보냈다. 국문학 박사가 되고 대학 강단에 서기까지, 오로지 학문에 대한 열정으로 지난한 시간을 버텨냈다. 동료들이 바깥세상에서 홀대받는 인문학도의 난관을 견디지 못하고, 현실을 택해 떠날 때는 동병상련의 눈물을 흘리기도 했다. 긴 세월 부단한 연구자의 길이 대견한 반면, 외롭고 고단해 보여 안쓰러울 때도 많았다.

딸이 가정을 꾸리는 평범한 삶을 미뤄온 데에는 저간의 이유가 있어 보인다. 연구실 동료끼리 결혼을 했다. 부부가 함께 학문하는 입장이니, 혼인 생활이 학업에 지장을 주지 않을 거라고 확신하면서.

그러나 결혼하자마자 시댁의 관심이 아들에게는 빠른 학위를, 며느리에겐 오로지 아기 소식에만 쏠리더라고 한다. 어쩌면 보편적이고 현실적인 시각일 수 있다고 여겨진다. 학위보다 결혼과 출산을 우선시하도록 자식을 설득해야 한다는, 외삼촌 같은 안목을 가진 이도 적지 않을 터이니.

학업이나 직장, 결혼과 출산 문제가 맞물린 현실적 상황에서 본인의 선택이 우선되어야 할 것이다. 나이를 기준으로 결혼 적령기 운운하는 것도 시대에 맞지 않다고 생각한다. 당사자가 정신적 독립과 경제적 자립이 되고 스스로 혼인할 의사를 밝힐, 그때를 각자의 결혼 적령기로 보면 어떨까. 싱글로 살거나 커플로 살거나 그 또한 자녀들의 선택이 존중되어야 할 것 같다.

나의 사고가 좀 앞서간다고, 주변 사람들은 말하기도 한다. 시어머니는 자식들 혼사를 늦춘다며 은근히 질책하시고. 이해는 되지만 부모라는 이유로 자식의 인생관에 깊숙이 간여하지 않겠다는 게 나의 소신이다.

인생은 선택의 연속이다. 내 아이들이 어떤 형태의 삶을 택하든 자신의 의지대로 살아가도록 존중해 줄 것이다.

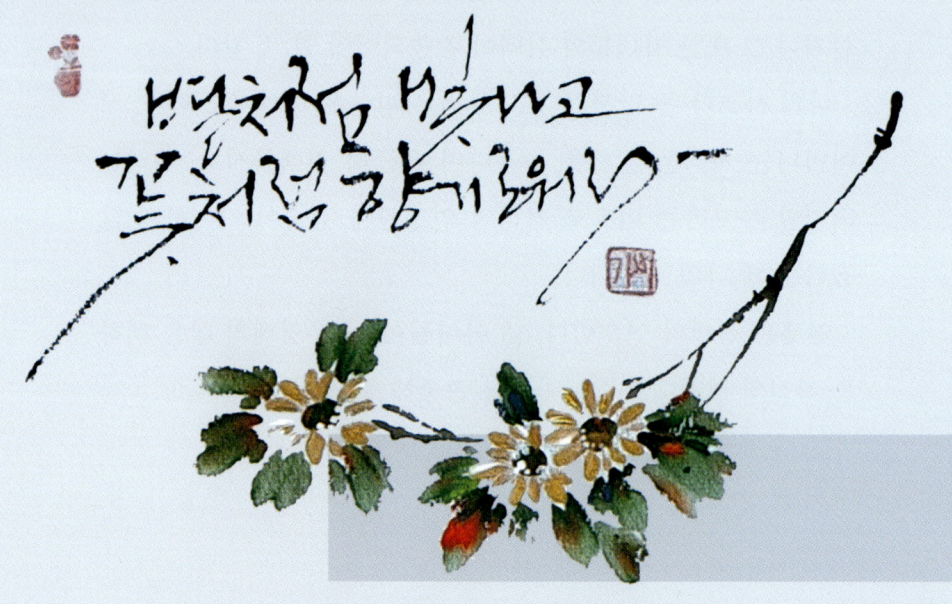

섬유채색화 쑥부쟁이 50cm×35cm
광목천, 패브릭물감, 먹

# 푸른색을 좋아하잖아

우리 집 베란다에 화초가 많다. 관음죽은 이십여 년 전에 눈만 틔운 것을 샀다. 마음먹고 심어도 피지 않을 수 있고, 무심코 심은 버들이 그늘을 이룬다더니 베란다 한쪽을 시퍼런 동산으로 만들어 놓았다. 오랫동안 내 손길이 닿은 것들이라, 끼리끼리 어깨를 부비며 자라다가도 주인이 며칠만 한눈팔면 새득새득 생기를 잃어간다.

때때로 마음과 몸의 리듬이 조화롭지 못할 때가 있다. 가물가물 권태가 몰려오는 데다가 몸이 매시근해질 때이다. 그럴 적마다 화분이 흥건하도록 물을 뿌린다. 화들짝 몸을 떨며 반질거리는 이파리들, 내 안으로도 푸른 숨결이 스며들어 금세 기운이 상큼해진다.

화초가 내게 힘을 주는 건 청신한 에너지를 발산하는 그것들의 몸빛이다. 꽃이 저마다의 색깔로 아름다움을 과시한들 청청한 잎사귀의 싱그러움에 비할까. 화초를 고를 때 나는 시퍼런 잎을 달고 있는 꽃나무 종류에 먼저 눈길이 간다. 생동감은 아름다움에서보다 푸름에서 얻게 되는 것 같아서이다.

나는 지평선이 바라보이는 들녘에서 태어나고 자랐다. 그때는 천지를 지배하는 듯한 녹음 속에서도 푸른 계절의 마디마디에서 오는 아름다움을 느끼지 못했다. 미풍에 삼단 같은 머리칼을 곱게 빗질하던 보리밭도 그저 시퍼런 세상으로 보일 뿐이었다.

그래도 사람은 오래 바라본 것을 좋아하게 되는 모양이다. 어쩌면 푸르른 시절에의 그리움이 푸른색에서 묻어나서일까. 중년의 어느 봄날, 춘천 호숫가 한적한 곳에서 밀밭을 만난 적이 있었다.

화사한 봄볕을 받으며 넘실대는 짙푸른 물결에 가슴이 뭉클했다. 그것은 훤칠한 키로 만삭이 되어 이랑마다 너울지는 황갈색 물결에 비할 바가 아니었다. 그 감동을 잊지 못해 연례행사처럼 혼자 기차를 타고 그곳을 찾아 나서곤 했다. 해가 몇 번 바뀌자 밀밭은 사라지고 황량한 바람만 밭둑을 쓸고 있어 돌아서는 발길이 몹시 허탈했다.

여러 해 전, 도심으로 이사를 했는데 날이 갈수록 숨이 막힐 듯한 내 컨디션을 조절하기가 무척 힘들었다. 송충이는 솔잎을 먹고살아야 하는 사실을 간과한 탓이라 진단하고는, 창을 열면 북한산 자락이 내려와 있는 이 동네로 다시 돌아왔다. 가까이 큰 산들을 끼고 있어 산행은 물론 들머리 주말농장에서 푸성귀를 기르는 재미가 쏠쏠하다.

푸른색이 이런저런 형태로 나의 삶에 깊숙이 닿아 있다는 생각이 든다. '색이 영혼에 직접적인 영향을 주는 수단이다' 칸딘스키가 나 같은 사람을 두고 이른 말이 아닌가 싶다. 나이 들수록 주변의 푸른색에서 얻는 위안과 즐거움이 커지니 말이다. 감성도 세월 속에 닳아지는 줄 알았는데 그렇지 않은 게 얼마나 다행인지.

오래전, 유학 중인 아들의 학위수여식에 맞춰 미국 여행길에 올랐을 때였다. 일주일 남짓한 여정에 몇 날이나 소공원이며 강변을 따라다녔는데 볼 만하기는커녕 컨디션만 바닥을 드러낼 지경이었다. 귀국 전날, 링컨파크는 보고 떠나야 한다는 아들의 채근에 몸도 마음도 시큰둥해졌다. 그러다 링컨이라는 이름에

솔깃해져 한 번 더 속아 보기로 했다.

공원에 이르자 그곳은 계절도 건너뛴 것 같았다. 웃자라서 종아리에 휘감기는 잔디며 사람 손길이 닿지 않아 뒤엉켜 자란 나무들로 공기조차 음습했다. 어디서 길짐승이라도 튀어나올 듯한 음산한 분위기에, 준비해 간 도시락도 꺼내질 못하고 공원을 뛰쳐나오다시피 했다.

그 길로 예정에 없던 시카고 번화가로 들어서자 거기가 별천지였다. 비로소 미국 땅을 밟는 느낌이었다. 세계적인 마천루의 천국답게 끝없이 펼쳐진 빌딩 숲이 얼마나 아름답고 경이롭던지. 그러나 건물 수만큼 황홀한 야경도 백화점 쇼핑도 시간을 할애하느라 종종걸음 쳐야만 했다.

선진국에서의 볼거리라면 도심 속의 눈부신 물질문명이 우선 아닌가. 그것만으로도 시간이 부족할 텐데. 최고의 문명국에 와서 인적마저 뜸한 변두리의 숲으로 돌아다니느라 시간과 체력을 다 소진해버리다니. 더군다나 나는 미국이 초행길이었다. 왜 진작 번화가 구경을 안 시켰냐고 따졌더니 세상에나! 아들의 대답이 가관이었다.

"엄마가 푸른색을 좋아하잖아요"

아들은 평소 자연 풍광을 즐기는 편이었다. 하지만 유학 생활이란 시간도 경제도 빠듯할 수밖에 없지 않은가. 변변찮은 공원조차 눈요기할 여유가 없었으리란 생각에, 본인의 갈증도 풀겠거니 싶어 군말 없이 따라다녔다. 귀국을 늦출 수는 없는 일, 돌아오는 발길이 얼마나 아쉽고 속상하던지.

 그날 이후로 우리 부부는 어디 여행코스가 예상외로 실망스러울 때면, 약속이나 한 듯이 '이만해도 링컨파크보다야 낫지' 하며 웃어넘긴다.

 가을이다. 풀잎 끝으로 가을빛이 스며들고 길가 은행나무 이팝나무 사이로 수굿한 바람이 건너온다. 건듯 부는 갈바람이 내 마음 한 기슭으로 숭숭 드나들까 겁먹지 않아도 될 것 같다. 계절이 바뀌어도 우리 집 화초들은 푸른빛을 잃지 않을 테니까.

섬유채색화 정안 작품 50cm×50cm
광목천, 패브릭물감, 먹

# 나이가 있는데

장롱에 걸린 넥타이가 들쑥날쑥 어수선하다. 이번에는 과감하게 처리하리라 마음먹었는데, 상표까지 붙어 있는 넥타이 하나가 또 망설이게 한다. 디자인이며 색상이 여전히 노인에게나 어울릴 것 같다.

아들이 외국 유학 시절, 오십 대 후반인 남편에게 보내온 첫 선물이다. 노(老)스럽다며 슬쩍 귀띔했더니,

"아빠 나이가 있는데"

라는 대답이 돌아왔다. 언짢은 표정을 숨길 수 없었던 그와 나는 서로 쳐다보며 웃었다. 아들은 선진국에서 그것도 시각디자인을 공부하는 중이었다. 나이를 감안해서 선택했다니, 끌끌 혀를 차며 장롱 깊숙이 밀어 넣었던 기억이 난다.

아들을 나무랄 일인가. 돌아보니 나도 크게 다르지 않던 시절이 있었다. 결혼 초 시어머니는 쉰 고개도 넘지 않았는데 나는 노인들이 주로 입는 옷을 사드렸다. 그즈음 노인 옷은 동대문시장이나 재래시장까지 먼 걸음을 감수해야 장만할 수 있었다.

"아직은 옷을 곱게 입어야 할 나이인데"

마뜩잖아하는 어머니의 말씀도 촌로의 부족한 감각 탓이라 여겼다. 아빠 나이가 있는데,라는 아들의 생각처럼 어머니 연세가 있는데,라고 생각하는 내게 그런 불평은 마이동풍(馬耳東風)으로 들릴 수밖에. 장롱 구석에 밀어두기만 하는 어머니의 마음을 헤아릴 수 없었던 나는 한번도 걸치지 않는 속내가 의아스러워 서운하기만 했다.

그 무렵의 내 잣대로는 5·60대를 인생의 황혼기쯤으로 생각했던 모양이다. 7·80대로 접어들면 삶의 희로애락조차 희미해지는 줄로 알았다. 하여 생활이 아닌 그저 생존하는 시기가 되리라 여겼다. 누군가의 고희연에 참석할 때면 인생의 종착역에서 받는 잔칫상 같아, 흐뭇한 표정인 그날의 주인공을 연민 어린 시선으로 바라보곤 했으니.

시어머니의 그 세월에 이르러서야 나이에 대한 관념에 격세지

감을 느끼게 되었던가 보다. 가끔 그때의 옷 얘기를 털어놓으며 고부간에 웃음보를 터뜨리곤 했다. 고희연 때는 인생의 한가운데서 치르는 잔치 분위기로 느껴졌다. 작은 몸집에 연둣빛 한복을 곱게 차려입은 어머니는 주름살까지 적당한 여유로 보이는 색시(?) 같았다.

언젠가는 외가를 다녀온 아들이 묻지도 않은 말을 불쑥 꺼냈다. 외할머니가 정신이 멀쩡하더라며 특별한 소식이라도 전하는 말투였다. 팔순을 넘겼는데도 정신이 온전한 모습이 뜻밖이었나 보다. 나이 따라 버거워지는 건 지팡이에 실리는 육신의 무게일 뿐, 세상사 분별하는 안목과는 무관하다는 사실이 젊은이의 시각으론 이해하기 어려웠던 모양이다.


얼마 전, TV에서 프러포즈하는 장면을 보게 되었다. 땅거미가 질 무렵, 청계천 돌담 앞에서 한 남자가 꽃다발을 받쳐 들고 환하게 웃고 있었다. 촛불이 은은한 빛으로 꽃밭을 이룬 무대에 꼿꼿한 자세로 서 있는 사람은 여든 중반의 어르신이었다. 잠시 후 중년쯤으로 보이는 여인이 돌다리를 건너 조심스레 다가섰다. 자막에 뜬 파트너의 나이도 팔십 대였다.

만면에 박꽃 같은 웃음을 흘리며 포옹하고 입맞춤하는 장면이 이어지자, 멀찌감치 지나치던 사람들까지 시선을 돌려 박수를 쳤다. 황혼 커플로 느껴지지 않을 만큼 자연스럽고 당당해 보였다. 프러포즈란 극 중에서나, 그것도 젊은 연인들만의 통과의례인 양 봐온 풍경 아닌가.

팔순이라는 연령대에 공개적으로 구혼하는 용기가 돋보였다. 그들이 선택한 것은 단순히 사랑이기 전에 본인의 삶이자 여생을 설계했다고 봐야 할 것이다. 남의 시선에 연연하지 않고 스스로 자신의 삶을 선택하고 결정했다는 데 나는 박수를 보내고 싶다. 이루지 못한 첫사랑을 싱글이 된 황혼 녘에서야 만나게 되었을까? 사연이야 어떻든 인생의 마지막 남은 캔버스를 그들만의 색상으로 물들이는 시간이 되리라.

오래전에 본 영화 '사랑할 때 버려야 할 아까운 것들'도 늘그막의 사랑을 모티브로 다루었다. 두 노배우가 넘치는 위트로 황혼의 로맨스를 산뜻하게 끌어가고, 그들의 코믹한 연기가 연신 관객들의 폭소를 자아냈다. '지금이라도 사랑하는 사람과 채팅 한번 해보세요. 꼭꼭 숨어있던 정열이 되살아날 겁니다'라고 말하듯 채팅하는 장면도 얼마나 로맨틱하던지.

관습과 체면 때문에 억누르고 있을 뿐, 젊을 때랑 똑같은 열정과 욕망과 쾌락을 가지고 늙어간다고 두 주인공이 온몸으로 말한 콘텐츠였다. 내가 지금보다 한창 젊었을 때인데도 신선하게 다가왔을 뿐 아니라, 늙으면 몸과 마음이 피폐해져 어딘가 모르게 움츠러들 것이라는 의식을 한꺼번에 뒤집게 해주었다.

죽는 날까지 어느 순간에서의 사랑도 가벼운 정열일 수 있겠는가. 사랑의 감정이 생기는 것 자체가 특별히 부여받은 선물이라는데. 젊은이들은 저런 늘그막 사랑을 어떤 시각으로 바라볼까. 설마 노망이 들었다고 여기지는 말았으면. 머잖아 황혼 사랑이라는 단어조차 무색해지지 않을까, 생각해본다.

어느 연령대에서의 삶도 의식이 있는 한 생활이 아닌 생존일 수는 없으리라. 해서 삶의 여정은 막바지까지 초연하거나 무의미할 수가 없다는 것을 젊은 세대들도 깨달았으면 좋으련만.

오십 대를 노인인 양, 팔십 대에는 정신마저 비정상이리라 여기던 아들도 불혹 언저리에 이르렀다. 늙으면 철컥 문이라도 닫히듯 정상적인 사고나 감정이 한순간 폐기처분되는 것처럼 생각하던 아들의 의식도 많이 바뀌었겠지. 이제 오십 대를 나이가 있는데, 라며 늙은이로 대했던 시절을 돌이키며 한껏 웃으리라.

빛도 보지 못한 넥타이는 앞줄에다 다시 걸어둔다. 멋지게 맬 날이 곧 다가올 것이므로.

섬유채색화(포도) 50cm×35cm
캘리그라피

# 화양연화

 

섬유채색화 수업 중인 남편이 모란꽃을 그렸다. 꽃 중에 으뜸으로 여겨왔지만 때맞춰 보기가 쉽지 않은데 화폭에서 만나게 됐다. 네댓 송이의 꽃이 막 벙근 듯 광목천에 화려한 자태로 피어났다. 부귀나 왕자의 품격이란 모란꽃의 꽃말에 걸맞게 작품에도 격이 느껴진다.

여백에 어울릴 글귀를 캘리그래피 글씨로 써넣고 싶어서 글벗에게 조언을 구했다. 그녀는 단번에 화양연화(花樣年華)를 제안했다. 모란꽃에 그 말이 잘 어울린다면서. 그런데 자신은 화양연화일 때가 한번도 없었노라, 풀죽은 목소리로 사족을 달았다.

꽃같이 빛나던 시절, 인생에서 가장 아름다웠던 순간이란 뜻을 가진 화양연화. 사람마다 스스로가 인식하는 시기와 남이 미루어 짐작하는 시점이 다를 뿐, 정점이라 여겨지는 한때가 있을 것이다.

그녀는 전문직에 종사하는 자녀들이며 어여쁜 손주들과 화목한 가정을 이루고 있다. 뿐만 아니라 자유로운 영혼을 가진 그녀는 한때 직장인들이 꿈꾸던 귀촌을 해서, 넘치는 에너지로 글을 쓰고 있다. 과거야 차치하고라도 지금이 화양연화라 할 만도 한데. 육십 평생 자신의 삶을 평가하는 데 너무 인색한 게 아닌가, 안타까운 마음이 들었다.

'너거들 도시락 몇 개씩 싸고 등록금 대느라 허리가 휘청거렸어도 그때가 대통령 시절이었제' 친정어머니는 우리들 키울 때가 화양연화였던가 보다. 농사일이 힘에 부친 데다가 삼대를 건사하느라 일상이 늘 버거워 보였던 젊은 날의 엄마. 편안한 얼굴이었던 적이 별로 없었는데, 그 대통령 시절을 늘그막까지 자주 되뇌셨다. 아마도 아버지와 함께한 시절이었고 당신의 삶을 주도적으로 살던, 길지 않았던 시기에 대한 아쉬움 때문이지 싶다.

나는 화양연화를 듣는 순간부터 그 말이 내 마음속을 둥둥 떠다니는 것 같았다. 그 낱말이 함축하고 있는 사연이 역설적 의미로라도 고구마처럼 달려 나올 것 같아서이다. 나의 화양연화는 언제였을까. 되돌아볼 때마다 흐뭇한 마음이 일어, 종종 떠올리며 위안받곤 하는 그런 사연이나 시기 말이다. 세상이 온통 장밋빛으로 보이던 연애 시절까지 떠올리지 않더라도 여러 차례 스쳐갔을 것이다.

어중간한 페미니즘적 사고에 갇혀 살았던 젊은 시절에는 발 딛고 선 현실을 누릴 마음의 여유가 없었다. 무게 중심이 내 밖에 있었으니 꿈도 사회적 커리어도 없는 스스로가 작게 여겨지고 마음은 늘 옹색했던 것 같다. 시선이 명예나 물질같이 손에 잡히는, 세상적인 것에 쏠리다 보니 빛날 만했던 시절 시절을 제대로 즐기지 못했으리라. 돌아보면 현실적이고 생산적인 방향으로 유연하게 살아가기보다 젊은 날의 치기로 대책 없이 먼산바라기만 하지 않았던가 싶다.


TV에서 한 원로 배우가 지금이 가장 행복하다는 말을 여러 번 반복했다. 안방극장을 독차지하다시피 했던 황금기들을 제쳐두고 팔순 언저리인 요즈음이 행복하다니. 의아하기도 했지만, 여느 노인과 별반 다르지 않은 일상을 엮는 환한 표정이 그 말을 덧붙이고 있었다.

나도 지금이 화양연화라고 말하고 싶다. 이제라고 내 안의 갈등이나 작은 욕망까지 다 덜어낸 것도 아니고, 사노라면 또 다른 결핍이 비껴가지 않을 수도 있겠지만. 작은 일에 일희일비하던 젊은 날이 지나가고, 소소한 걱정거리나 바깥세상의 소음도 적당히 흘려듣고 결삭일 줄 아는 연륜 아닌가.

자연의 아름다움과 글쓰기 맛을 알아가는 동안, 가벼운 감상에 흐르지 않는 감성이나 심미안도 조금씩 깊어지지 않았을까. 스스로 만든 틀에 갇히지 않고 자유로워지니 자신과도 잘 융화하는 것 같다. 행복을 내 안에서 찾는 길을 터득해 가면서 예전에는 머리로만 끄덕여지던, 그날그날에 소중하고 감사하는 마음이 생겨난다.

아들이 마음새 고운 인연을 만나 결혼식을 하던 날이며 아울러 새 가족과의 살가운 만남이 이즈막의 빛나고 흐뭇한 일이다.

내게 남은 길은 꽃길이 아닐 것이다. 현관문만 나서면 만나게 되는 우리 동네 길처럼 소박한 숲길이나 들길일 테니, 그 길에서 매일이 화양연화임을 알아차려야지.

'나이가 드니 마음 놓고 고무줄 바지를 입을 수 있는 것처럼, 편한 대로 헐렁하게 살 수 있어서 좋다' 던, 박완서 님의 말씀처럼 그렇게 살아갈 날만 남았다. 아무런 꿈이 없어도 두리뭉실하게 살아가노라면 나날을 작은 기쁨으로 맞이할 수 있으리라.

모란꽃 옆에 큰 글씨로 화양연화를 쓰고 '나의 모든 날들이 빛나기를'은 아래에다 작은 글씨로 썼다. 나의 지금이 화양연화임을 돌아보게 해준 그녀에게 선물해야겠다. 거실에 걸어두고 볼 때마다 그날그날이 화양연화라는 것을 깨달았으면 하는 바람을 담아서.

힘 5inch×7inch
엽서(딴또레또), 붓펜

# 술의 힘

　비가 간간이 뿌리는 저녁나절이었다. 날씨 탓이었을까. 아직은 가을 문턱인데 가슴속에서는 소슬바람이 인다. 스멀스멀 기지개를 켜는 가을 병이 심상치 않다. 중년의 가을앓이가 깊어지는 것을 막으려면 혼자 있고 싶은 유혹을 떨치고 행동 지향적이 되어야 한다는 걸 익히 알고 있었다.
　운동 나간 남편에게 전화를 걸었다. 곧장 거기로 가고 싶어서였다. 휘두르는 골프채의 역동이라도 지켜보노라면 스산한 상념을 떨쳐내는 데 도움이 될 것 같아서이다. 전화선으로 내 울적한 낌새가 감지되었던지 금세 돌아온 그가 나를 데리고 포장마차로 갔다. 이럴 때 부부를 일심동체라 일컫는가.

우리는 바깥 테이블에 마주앉았다. 선득한 밤공기를 염려하여 포장 안을 권하는 아줌마의 말을 사양하고. 옆자리에는 중장년으로 보이는 네댓 사람의 남성들이 술잔 돌리는 소리가 왁자지껄하다. 내 기분 때문인지 머리 위로 한 뼘이나 치켜든 그들의 술잔에 고단한 소시민의 하루가 녹아들고, 점점 높아가는 목소리가 응어리진 삶을 대변하는 듯 들린다.

처음으로 소주 몇 잔을 거푸 마셨다. 간이라도 녹여버릴 듯한 술기가 뜨끈한 어묵 국물에 풀어진다. 취기가 돌자 삽상한 밤바람을 타고 우리의 이야기가 밤이 이슥하도록 이어졌다.

살아온 날 중 가장 아팠던 대목들을 챙기어 기억해내는 것도 술이 가진 힘인가 보다. 한창 푸르른 시기에 아버지의 부재가 맞물려 방황이 깊어졌던 나의 한때, 편모슬하의 지난한 여건 속에서도 스스로 자존감을 키우며 살아온 그의 지난날들…. 스스럼없이 내보이기가 쉽지 않았던 넋두리들이 슬금슬금 술기운에 얹혔다.

우리 부부간에 대화의 빈곤을 느껴본 적이 있었던가. 이런 분위기에서 풀어놓을 화제가 따로 있다니 사람을 단순하고 솔직하게 만드는 술의 마력을 새삼 느낀다.

돌아가신 아버님은 술을 무척 좋아하셨다. 술로 거나해질 때마다 속옷을 팔아서라도 여섯 자식 모두 대학 공부시킬 거라며 큰소리치셨다. 기질이 심약한 아버지는 술기에 의지해서야 당당한 모습을 보였다. 짧은 일생을 살아내시는 동안, 아버지라는 권위를 내세우는 데 약했던 당신이 가족이나 세상과 소통하는 데에는 늘 술이 매개체가 되었다.

결혼 전에 여덟 식구의 가장이 된 큰오빠도 술을 가까이하는 편이었다. 그는 대가족의 뒷바라지가 힘에 부쳤지만 묵묵히 자신의 자리를 지켜나갔다. 매사 완벽하고 의지력이 강한 오빠도 어쩌다 술이 과해지면 자신에게 지워진 짐의 무게를 푸념하곤 했다.

언젠가 밤늦은 시각에 남편이 친구와 함께 들어왔다. 말수가 많아지는 그의 태도로 보아 취기가 오를 만큼 오른 상태였다. 두 사람에게 이끌려 노래방으로 갔다. 음치에다 흥이 별로인 남편은 평소 한두 곡으로 끝내는데, 그날은 마이크를 독차지한 채 노래인지 고함인지 쉴새 없이 질러댔다. 노래방을 나오자 대로변에서 춤판까지 벌이는 게 아닌가.

이튿날 남편은 전날 밤의 만용을 까맣게 몰랐다. 취기가 오르면 기분이 고조되되 결례되는 행동은 잘 하지 않는 편인데. 사람은 자신이 취약하거나 갖지 못한 부분을 선망하게 되나 보다. 그에게도 한번 튀어보고 싶은 욕구가 내재해 있었던 모양이다.

고려 시대 임춘은 소설 국순전(麴醇傳)에서, 술의 단점으로 현실을 풍자했다. 술을 간신에 빗대어 그로 인한 폐해를 적나라하게 드러내었다. 반면 동시대를 살다 간 이규보는 국선생전(麴先生傳)에서, 술의 좋은 점을 취해 의인화하였다.

맑은술을 뜻하는 주인공 국성을 총명한 국가의 신하로 설정, 임금을 도와 태평성대를 이루게 하는 공신으로 그렸다. 오늘 밤 나는 술의 효능과 가치를 긍정적으로 수용, 술의 격을 한껏 높여 준 이규보의 편에 서고 싶다.

술이 아니었다면, 버거운 현실에 늘 소극적인 자세로 맞섰던 아버님이 의기양양한 모습을 보일 수 없었을 것이다. 아버지의 빈자리는 당연히 맏아들의 몫으로 생각했을 뿐, 스스로 올곧은 삶을 강요했던 오빠의 외로움 또한 헤아릴 기회가 있었겠는가. 긴 세월을 함께했으면서도 어느 날 남편의 잠재된 내면을 들여다볼 수 있었던 것도 술에 의해서다.

옆 좌석의 소란스러움도 잦아들었다. 짐작하건대 저 세대는

암울한 시대에 세상살이를 시작해서 헐벗고 배고픔의 긴 터널을 지나온 사람들이다. 현실은 다시 그들에게 부모 부양이나 자녀 교육, 시대가 안긴 직장의 불안감까지 과중한 짐을 얹어놓았다. 지금 단단하게 뭉쳐진 스트레스를 한잔 술에 담가 헹구고 있는지도 모른다.

내 남편도 여느 중장년 남성이 처한 위기에서 예외가 아닐 터인데. 때로 자신의 감정을 추스르지 못하는 나는 남편의 마음 약함에 기대어, 계절병 운운하는 정신적 사치까지 짐 지우는 게 아닌가.

우리의 얘기가 늘어지는 동안, 내 가슴속에서 꿈틀대던 썰렁한 바람이 술잔 속으로 가라앉았다. 반달도 가로수 사이로 고개를 내밀고 우리를 훤히 비춰주고 있다.

오늘 밤에는 애주가인 양 술의 찬미가라도 읊조려볼까.

3
태을

섬유채색과 가을풍경(가을, 함민복) 35cm×50cm
광목천, 패브릭물감, 먹

태아는 모체와 탯줄로 교감한다. 세상 밖으로 나오는 순간 그 줄을 자를 때까지. 사노라니 가위로도 잘리지 않는, 또 하나의 보이지 않는 탯줄이 존재할 거라는 생각이 들었다.

오래전, 아들이 대학 수능시험을 보던 날이었다. 그해도 여지없이 수능 추위가 왔다. 겨울 문턱을 넘어서기도 전인데 날씨가 엄동 한복판인 양 맵찼다.

그날은 교회나 사찰에서 부모들의 기도하는 모습이 간절하고 성스럽기까지 한 날이다. 나는 한문 강의가 있는 날이라 평소처럼 도서관으로 갔다. 몸은 앉아 있었어도 마음은 콩밭에 가 있었으리라.

한창 수업 중에 아들이 내의를 제대로 챙겨 입었을까? 갑자기

뜬금없는 걱정에 사로잡혔다. 그러자 따뜻한 실내에서 허허벌판으로 나앉은 듯 내 몸이 후들후들 떨리기 시작했다. 시험장에 난방이 잘 돼 있겠거니, 마음을 다잡아봐도 좀처럼 진정되지 않았다.

아니나 다를까. 시험을 끝내고 온 아들의 표정이 심상치 않았다. 평소 거르던 아침밥을 먹은 것이 급성 장염을 일으킨 모양이었다. 시험이 시작되자마자 복통에다 설사가 잇따라서 감독관 입회하에 화장실을 다녀왔다고 한다. 그바람에 시험 문제를 초고속으로 풀었는데도 여덟 문제나 놓쳐 버렸다.

내가 도서관에서 내의 걱정에 온몸으로 한기를 느끼고 있을 때, 아들은 변이 묻은 속옷을 벗어버린 채 바지만 걸친 상태였다. 변이 번져서 겉옷까지 젖어 있었으니 오죽 추웠을까. 게다가 바짝 긴장되는 수험장에서 어이없는 실수까지 했으니 더 떨렸을 게다.

몇 해가 지나고, 군에 입대한 아들한테서 첫 편지가 온 날이었다. 그날이 마침 6주간의 신병 훈련이 끝나는 퇴소일이었다. 가장 힘들다는 훈련을 열외 없이 감당하고 있다는 사실만으로도 낭보가 아닐 수 없었다. 가정이란 울타리 안에서 이십여 년이나 길들여진, 안일한 타성을 떨쳐내기가 녹록지 않았을 터인데.

누가 세월을 유수에 빗대어 말했는가. 내게는 40여 일이 그렇게 더디 흐를 수가 없었다. 긴 겨울을 휘돌아 나온 칼바람은 여전히 날을 세운 채 봄의 길목까지 쫓아와 으르렁대는데, 나는 하릴없이 퇴소할 일자만 헤아리며 시린 가슴을 동동거릴 뿐이었다.

TV에서 일기예보가 시작되면 내 시선은 바로 훈련소가 있는 지방에 꽂혀 버렸다. 가슴을 내밀면 갈비뼈가 빨래판처럼 도드라지는 녀석의 체구로 추위를 견뎌내느라 오죽 힘들었을까. 날씨 따라 내 기분이 오르락내리락하다 보니 그해 겨울이 유독 길고 추웠다.

'자식 군대 보내 봐라, 어디 뜨뜻한 아랫목에 발을 묻고 싶은가' 시어머니는 아들 셋을 군대에 보낸 뒤의 가슴 저렸던 심경을 그렇게 표현하셨다. 따뜻한 아랫목뿐 아니라 따뜻한 밥까지도 마다하셨을 어머니를 생각하면, 훈훈한 아파트에서 시린 가슴 운운한다는 게 어불성설 같기는 하다. 어머니는 장남을 입대시키고는 열흘을 우셨고, 이 맏손자를 군대에 보낸 날은 종일 굶으셨단다.

가족에 대한 그리움이 절절하게 묻어나는 편지를 거푸 읽으며, 연신 눈물을 찍어내던 나는 말미에 쓰인 날짜를 보는 순간 무릎을 쳤다. 이제나 소식이 올까, 날마다 우편함을 기웃거리다 지칠 즈음이었다.

바쁘더라도 잘 있는지 한마디만 전해 달라고 내가 애원하듯 편지를 썼던, 바로 그날이었다. 모자가 같은 날 편지를 썼으니 아들도 물기 머금은 눈으로 그날 내 글을 읽었을지 모를 일이다.

친정어머니께 들은 얘기다. 춥고 배고픈 시절, 열악한 군대에 맏아들을 보내놓고 어머니는 언제 어디서나 아들과 함께 복무하는 심정이었다. 끝없이 이어지는 상심은 잠결에도 당신 머리맡을 맴돌았던 모양이다. 잠 설치는 밤이 잦아지던 어느 날 꿈에 아들이 목발을 짚은 채 핼쑥한 모습으로 나타났다.

어머니는 도랑가에서 정신없이 박하를 뽑았고 즙을 만들어 아들에게 막 먹이려다 깨셨다. 박하를 찾아 여기저기 봇도랑을 헤매고 진액을 만드는 장면이 다음날에도 연거푸 보였다.

어머니는 언짢은 기분으로 면회를 서두르셨다. 아들이 며칠 동안 식중독을 앓았다며 피골이 상접한 몰골이었다. 민간요법이 성행하던 때라, 식중독에는 습지에서 자라는 박하 잎이 특효약으로 통했다고 한다.

어머니는 농가에서 두세 살 터울의 육 남매를 키우셨다. 들일을 나갈 때는 할머니께 맡긴 아이의 울음소리가 그쳐져야 대문간에서 발걸음이 떨어지셨단다. 아이가 칭얼거려도 뒤돌아보기는커녕 내처 가시는 아버지의 뒷모습에서 묘한 느낌이 드셨던 모양이다.

'자식에 대한 애틋한 심중이 부모라도 한마음일 수 없는 모양이제' 어머니가 자주 하시던 말씀이다. 당신이 꿈속에서 여러 번 만졌다던 박하가 슬쩍이라도 아버지 꿈에 보이더라는 얘기는 들질 못했다. 아버지도 자식에 대한 정이 남다른 분이었는데. 애초에 탯줄로 묶어지지 않은 부자 사이에는 정서적인 연결 고리도 약할 수밖에 없는가 보다.

세상 어머니의 마음 안에는 자식이 6·70살이 되어도 탯줄로 묶어져 있다고 한다. 시공을 초월해서 어머니와 자식 사이에만 소통되는 정신적인 탯줄. 그것은 얼마나 튼튼한 동아줄이며 어떻게 동여매어졌길래 그렇게 질길 수 있을까.

섬유채색화 수국 70cm×38cm
광목천, 패브릭물감, 먹

# 발내 흥순이

이른 아침 창밖을 내다보다 별안간 눈동자가 커졌다. 엊그제만 해도 흙바람이 불었는데 어느새 봄인가, 햇살이 눈부시고 나뭇잎이 신생의 연둣빛으로 흔들린다. 분위기를 놓칠까 봐 잠바도 걸치지 않은 채 현관을 나섰다.

봄바람이 일렁거리면 나는 통과의례처럼 몸살을 한다. 봄은 잔인한 계절이라며 내 몸도 덩달아 외치고 있는 것 같다. 전신이 물먹은 솜같이 무거운 데다가 우울감까지 슬며시 끼어들었다. 온 산하가 밝은 봄빛에 잠기어 바람에 한들거리는 가지마다 새 생명의 약동을 품었어도, 내 몸과 마음에는 좀체 봄물이 스며들 것 같지 않다.

집 밖은 사방 근린공원이고 바로 생태공원으로 이어진다. 겨우내 누런 카펫 같던 잔디에서 파란 잎사귀가 총총 솟아나고 있다. 비탈에 서서 푸른 숨을 토해내는 나무들 아래 너부죽이 엎드려 꽃망울을 틔우는 잔챙이 꽃들, 천지가 봄의 몸빛인 연둣빛 세상이다.

깨알 쏟아지듯 재잘대는 새소리를 들으며 걷는다. 햇빛이 살이 올라 온몸을 싸고돌고 야트막한 언덕으로 떨어지는 볕살조차 살갑다. 여린 햇살 한 자락에도 잔설은 서슬이 풀어져 금세 녹아버리는데, 눅진한 심신을 이 봄볕에 널어 말려야지.

몸은 혼곤한데 마음에라도 봄을 들여놨으니 이 계절이 마냥 잔인하지만은 않으리라. 언제든 품을 벌려 사람의 마음을 모성처럼 포근히 감싸주는 자연의 힘을 이미 체험한 터였다.


큰길가 가로수들도 연둣빛 물결로 출렁인다. 지난해, 저 이팝나무에 눈송이같이 달린 꽃무리를 바라보며 이삿짐을 풀었다. 서울에서 약간 떨어진 이곳 별내를 지나다가 먼지 풀풀 날리며 공사 중인 집을 계약한 때는 재작년 가을이었다.

길 가다 마음에 든 애완견 집 사듯, 집 한 채를 덜컥 충동 구매(?)한 셈이다. 마당 서너 평이 딸린 저층 집이라는 데에 마음이 동했나, 그보다 동네를 둘러싸고 있는 공원에 초가을 빛이 잔잔하게 내려앉은 정경에 답삭 감동된 게 먼저였지 싶다.

여행가 워즈워스는 우리 영혼에 유익을 줄 수 있는 감정들을 느끼려면 풍경 속을 걸어 보라, 권한다. 작년에도 만만찮은 봄앓이로 짐 정리는 미뤄둔 채 공원으로 천변으로 돌기 시작했다.

찔레꽃이 울타리를 덮고 아카시꽃이 눈발처럼 날리는 하얀 풍경 속으로 바지런히 걸었다. 걷다가 다리 아프면 자전거로 돌고. 그렇게 '돌순이'가 되어가는 동안 봄날이 물러갈 즈음, 오랫동안 싸안고 다닌 덧짐을 벗어던진 듯 몸도 마음도 가뿐해졌다.

여름 녹음의 기세가 하늘을 찌를 듯한 생명력에 체력도 늘어났는지 잦은 다리쉼이 차츰 줄어들었다. 토란잎을 실로폰으로 두드리듯 우산 위로 떨어지는 빗발 소리에 맞춰 걷기도 하는 사이, 늦여름을 풍미하던 목수국이 누런빛을 띠기 시작했다.

가을이 깊어지자 길섶에 누운 마른 풀 위로는 발걸음도 가벼웠다. 살갗을 적셔오는 겨울 예감과 함께 앙상한 나뭇가지 밑으로 푸석한 이파리를 밟다 보니, 숫눈 세상이 펼쳐졌다. 공원은 넓고 세대수가 적은 우리 동네는 눈이 내리면 사방이 숫눈길이다.

시절의 부름대로 꽃은 피고 지고. 사계절에 실려서 순환하는 풍경들을 음미하며 새벽이든 밤이든 유랑자처럼 걷고 걸었다.

다가온 바로 그 계절에 흠뻑 젖어 즐기는 것이 순연한 태도라 여기며.

언제나 감각의 날이 서 있는 듯해도 마음은 따분하고 무감각해질 때가 많다. 그때마다 자연과의 미세한 교감이 풀죽은 삶에 추임새를 불어넣어 준다.

포슬포슬한 흙의 촉감을 느끼며 걷다 보면, 날 선 생각들이 누그러지고 마음에 풋풋하고 넉넉한 공간이 생겨난다. 세상의 시간표에 따라 들썩대던 시간도 가지런해지고 애면글면하던 세상살이가 좀 헐렁해진다. 나를 느슨하고 단조로운 여건 속에 있게 하는 시간이 예전보다 많기 때문이리라.

나이 들면서 점점 감상적이 되는 것은 사물과 풍경에 대한 겹겹이 쌓인 추억 때문이라 한다. 나 홀로 시간에 행복한 순간을 꼽으라면, 찬란한 계절마다 따라오는 자연 풍광을 마주할 때라고 엄지를 세울 것이다. 인간이 던지는 어떤 달보드레한 말보다 자연과 너나들이하는 데서 오는 신선함이 더 진하게 와닿아 내 삶의 뒷심이 되어 주기 때문이다.


오춘기, 요즘 말로 노잼 시기. 무엇을 해도 흥미가 없고 일상에서 벗어나고만 싶은 시기를 말한다. 지난봄이었다. 서너 살 위인 사촌 언니가 오춘기인지 우울증인지 여러 번 마음의 통증을 호소해왔다. 어떤 일이 도움이 될까, 생각하다 함께 수목원을 산책하게 되었다.

나무와 꽃들의 세상인 봄의 향연에 나는 눈길을 뗄 수가 없는데, 할미꽃 무더기를 보면서도 언니는 아무 감흥이 없어 보였다. 문득 나는 언니보다 노후 준비가 한 가지 더 돼 있구나, 라는 생각이 들었다.

'별내 돌순이'로 건재하는 한, 고질병 같은 봄 앓이는 물론 언제 오춘기를 맞닥뜨려도 수월하게 지나갈 수 있을 것 같다.

그저께 앞마당에 푸성귀를 심었다. 봄비 한 모금 더하면 상추며 쑥갓이 나붓나붓 클 것이다.

모란
종이부채, 패브릭물감, 먹

# 바람의 진원지

 가을 끝자락에 덮친 동장군의 기세가 꺾일 줄을 모른다. 연일 강추위라는 말에 마음은 옹송그려져도 온도계의 눈금만큼 체감되지 않을 때가 많다. 날씨가 맵차기만 할 뿐, 바람이 가세하지 않아서인가 보다.
 잔잔한 기류를 휘저어 날씨 변동에 영향을 주는 바람은 바깥에서 일어나는 자연현상으로만 존재할까. 내 마음 한 기슭에서 수시로 일어나는 바람 또한 만만치 않아, 한때 일상의 체감온도가 형편없이 낮은 때가 있었다. 귀가 순해져서 듣는 대로 이해된다는 시절에 이르렀으니 설익지 않을 만큼 삶의 연륜이 쌓였을 터인데….
 그와 내가 한솥밥을 먹은 지 숱한 해가 흘러갔다. 젊고 여리고 숫기 없던 청년은 세월의 풍화작용을 견디느라 풋풋한 젊음, 솟구치는 혈기를 다 바치고 이제 인생의 오후 어드메쯤 서 있다.

근속한 직장에서도 은퇴했으니 삶의 전반전은 막을 내린 셈이다. 그간에 아이들도 장성해서 독립을 선언하고 우리 곁을 떠나갔다. 홀가분하게 너나들이하면서 다시 신혼 분위기를 낼 수도 있으련만.

인생 2막에서는 모름지기 집에 없는 남편이 최고라는 말은 거저 생겨난 말이 아닌 모양이었다. 온종일 자유로웠던 내 영역에 슬그머니 끼어 앉은 사람, 그의 일거수일투족에 내 안의 어디선가 곱지 않은 바람이 꿈틀거리기 시작했다.

운동이나 모임으로 곁에 없을 때는 가만히 엎드렸다가, 텔레비전이나 컴퓨터 바둑판에 정신을 쏟을 때면 기다렸다는 듯 스적스적 일어나는 불온한 기류. 그것이 내 마음을 무시로 건드리는가 하면, 예고 없이 우리 사이로 끼어들곤 했다.

세월의 잔금이 그어진 남편의 얼굴에는 가족의 밥을 위해 지불했을 굴욕이 얼비치기도 한다. 직장·가정·건강…, 공 서너 개씩은 저글러처럼 떨어뜨리지 않고 돌려야 했던 지난 생애. 그에 대한 연민이 내 가슴 한켠을 건들고 지나간 적도 많았는데. 그런 초심은 잠시였다.

남편은 빈방에 며칠씩 전깃불을 켜놓기 예사이고, 커피 한 잔 타려고 큰 주전자가 넘치도록 물을 끓이기도 한다. 어느 날 내가 세탁기를 돌려놓고 외출을 했다. 빨래는 탁탁 털어서 모양을 바로잡아 널어야 하는데 그 과정을 생략한 옷가지는 세탁기에서 꺼낸 그대로였다. 거기까지는 그래도 봐줄 만했다. 봉지째 털어 넣은 섬유 유연제의 향이 악취로 돌변해서 온 집안을 떠다니고 있었다.

그가 꼼꼼하지 않은 성향임을 진작에 모르지 않았다. 뿐만 아니라 나는 집안일을 능숙하게 잘하는 남자에게 그다지 좋은 점수를 주는 편이 아니었다. 예전엔 그저 웃어넘길 소소한 일도 내 안의 바람은 무슨 끄나풀만 잡히면 곤두서기 일쑤였다.

작은 바람도 잦다 보면 마음 밑바닥까지 들썩이게 하는 큰바람으로 변할 수도 있을 터. 날이 갈수록 심성이 약한 두 사람은 동시에 가해자요 피해자로 그 폐해는 고스란히 서로에게 부메랑이 되어 돌아오곤 했다.

남편은 마음속에 참을 '인(忍)' 자를 가득 채우고도 눈치만 늘어가고 나는 나대로 허탈해져, 우리의 마음새가 시나브로 피폐해져 갔다. 동갑내기로 만나 성실하고 자상한 성품과 내가 못 가진 그의 재능을 존중하며 여기까지 잘 다독거리며 살아왔는데.

　무시로 생떼를 부려대던 바람과 맞서며 해가 바뀌어 가던 어느 날, 우리 사이를 언제나 고운 시선으로 바라보던 딸을 붙들고 하소연했다.
　"여느 부부라면 벌써 겪었어야 할 권태기가 엄마한텐 늦게 찾아왔을 뿐이에요."
　녀석의 한마디에 바람의 진원지는 엄마니까 마음 깃을 단단히 여미시라고, 속으로 삼켰을 것 같은 당부가 넌지시 읽혔다.
　바람은 본래 제풀에 꺾이는 속성을 지녔다. 스쳐 지나갈 뿐 머물러 있을 수가 없다. 막다른 골목에서 돌아 나오면 금세 힘을 잃어 순해지기도 한다.
　정신을 노략질하듯 왔다 갔다 번복하던 내 안의 치기(稚氣)도 시나브로 수그러들었다. 어쩌면 세월이란 바람에 마음 모서리가 뭉툭하게 연마되었을 수도 있겠다. 바람의 소용돌이든 삶의 소용돌이든 언젠가 잦아들고 매듭지어지게 마련인가 보다.

　그간에 남편도 캘리그라피 글씨를 쓰고 그림을 그리며 제2의

인생을 설계하고 있다. 한 작품이 탄생할 때마다 나를 부른다. 내게 칭찬 듣는 일이 어린애처럼 좋은 모양이다.

어디든 마다치 않고 나를 픽업해주는 전용 기사(?)와의 대화가 다시 잦아지고 있다. '오늘 김치 담그느라 피곤했어' 외출에서 돌아온 남편에게 또 엄살이다.

"나한테 할 잔소리까지 생각해 내느라 더 힘들었겠지."

시도 때도 없는 나의 잔소리가 예사롭게 들려 무덤덤할 거라 여기는 건 착각일까.

그의 말에 조그만 가시 하나가 숨어있는 것 같아, 돌아서서 혼자 웃는다.

어디선가 들은 에피소드 하나가 떠오른다.

어느 봄날, 바람에 흔들리는 나뭇가지를 보고 제자가 물었다. '스승님 저것은 나뭇가지가 움직이는 겁니까, 아니면 바람이 움직이는 겁니까?' 스승은 제자가 가르키는 곳은 보지도 않은 채 웃으면서 대답했다. 무릇 움직이는 건 나뭇가지도 아니고 바람도 아니며 너의 마음뿐이다.

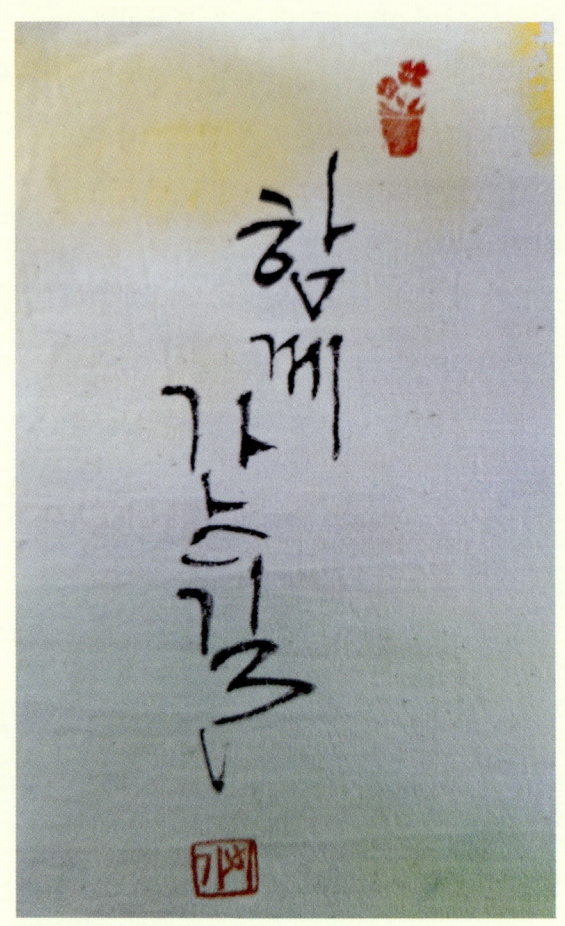

섬유채색화 5inch×7inch
광목천, 패브릭물감, 먹

# 연리지가 되어가다

사진첩을 보는데 여행길에 찍은 사진 한 장이 눈에 띈다. 중국 자금성에서 찍은 것이다. 여러 부부가 연리지(連理枝)를 에워싸고 북새통이었고 통과의례인 양 우리도 그 대열에 합류했다. 가지가 둥그렇게 이어진 두 나무 안에서, 한 쌍의 원앙으로 재탄생하려는 듯 팔짱을 끼고 연출하던 장면들이 떠오른다. 그들은 얼마만큼 연리지에 가깝게 살아가고 있을까.

한 나무와 다른 나무의 가지가 서로 붙어서 나뭇결이 하나로 이어지려면 속성이 비슷할수록 좋을 것이다. 그렇지만 서로 조화를 이루기에 적합한 기질끼리 연을 맺은 부부가 얼마나 되겠는가.

나와 남편은 닮은 점보다는 이질적인 데가 많다. 식성 같은 생래적(生來的)인 것을 제쳐두고라도 말이다. 강산이 여러 번 바뀌는 동안 '부조화가 곧 조화'라는 생각이 들 때가 많았다. 대범한 스타일인 그가 매사 꼼꼼하고 소심한 탓으로 생기는 나의 잔걱정을 한꺼번에 날려버릴 때가 그렇다. 호기심 많은 남편이 눈 가는 대로 물건을 사들이는 바람에 알뜰형인 내가 은근히 대리만족하기도 한다.

하지만 적당히 느긋한 나와 빨리빨리로 시작해서 빨리빨리로 끝내는 남편과는 불협화음을 일으키기 일쑤다. 그의 빠른 행동은 결혼식장에서부터 드러났다. 맞절을 하는데 재빨리 절을 끝낸 신랑이 천천히 몸을 수그리는 신부에 맞춰 다시 고개를 숙이는 바람에 하객들이 웃음보를 터뜨렸다.

함께 시내를 걸을 때면 나는 최대한의 잰걸음으로도 그의 뒷모습을 놓칠까 봐 조마조마하다. 건널목까지 채 닿기 전에 파란 불이 깜박거릴 때가 있다. 나는 다음 신호에 맞추느라 걸음을 늦추는데, 그는 날다시피 아슬아슬하게 건너가서 숨을 헐떡이며 나를 기다리고 있다.

오래전 남도 여행길에서의 일이다. 목포를 거쳐 땅끝마을에서 보길도까지 1박 2일로는 빠듯한 여정이었다. 꼭두새벽부터 내

달렸지만, 유달산을 들러 해남 땅에 이르렀을 때는 예정 시간을 한참 지나 있었다. 난생처음 밟은 땅끝마을을 둘러볼 새도 없이 승용차와 함께 배에 오르기 바빴다.

작은 섬들이 수평선을 병풍 삼아 점점이 떠 있는 풍광에 취해 시간 개념마저 흐릿할 즈음이었다. 배가 서서히 멈추기 시작했다. 언제나 선두에 서는 남편, 재빨리 차를 몰아 빠져나왔다.

이게 웬일일까? 선착장 주변이 허허벌판이었다. 사방 어디에도 가게나 인가가 눈에 띄지 않았다. 그래도 초행길인 우리에게는 한산한 풍경마저 개발을 보류한 자연 그대로의 관광지로 여겨져 마음까지 느긋해졌다.

그것도 잠시였다. 도로는 좁고 구불구불한 데다가 한참을 달려도 이정표 하나 나타나지 않았다. 사람은커녕 움직이는 물체라곤 눈에 들어오는 것이 없었다. 뒤에 작은 트럭 한 대만 바짝 붙어 따라올 뿐.

그제야 심상찮은 감이 들기 시작했다. 우리 차 꽁무니를 졸졸 따라다니던 뒤차도 뭐가 잘못됐다는 낌새를 알아챘는지 어리둥절한 표정이었다. 알고 보니 그들도 가족여행 나왔다가 배에서 엉겁결에 우리 차를 따라 내렸단다.

졸지에 무인도에 불시착한 처지가 되었다. 왔던 길을 되짚으며 우왕좌왕 돌고 도는 수밖에 없었다. 황막한 벌판에서 자동차 두 대가 눈을 부릅뜬 채 울퉁불퉁한 길을 오르내리며 몇 시간을 헤맸다. 우리 차가 구세주인 양 뒤차는 부딪칠 듯 간격을 좁혀오고.

대낮에 남의 차를 따라 내리다니 참 답답한 사람들 아닌가, 와중에도 우리는 웃음거리를 만들며 여유를 부리는 척했다. 똥 묻은 개가 겨 묻은 개 나무라는 남편이나, 안절부절못하는 뒷사람들이나 점입가경이었다.

이 섬을 빠져나갈 수는 있을까, 서로 쳐다볼 뿐 말을 잃어갈 즈음 완장을 두른 한 청년을 만났다. 그 섬의 지킴이였다. 거기는 섭도라는 작은 섬이고 보길도행 선박이 물자를 부리러 잠시 거쳐 가는 곳이란다.

그의 안내로 보길도에 당도했을 때는, 그날 일정 중 가장 기대가 컸던 해넘이가 흔적 없이 스러진 뒤였다. 낯선 곳 어두운 골목을 더듬거리느라 숙식 해결도 허술할 수밖에 없었다.

섭도에서 한나절을 허비한 탓에 유서 깊은 고산 윤선도의 유적지를 제대로 살펴보지 못해 아쉬웠다. 한가하게 거닐고 싶었던 세연정마저 지나치듯 눈도장만 찍었으니. 남편은 섭도까지 덤으로 구경했다며 너스레를 떨었지만, 자신의 실수가 크다 싶은지 후에 다시 오리란 약속을 했다. 하나 그의 말은 여태 빈말이 되고 있다.

 얼마 전 남편과 백화점 쇼핑을 했다. 그와 동행할 때는 함께 살 물건 외에는 한눈을 팔지 않는 게 편하다. 몇 가지 쇼핑만 끝내고 돌아서는데 의류 세일 코너와 마주쳤다. 그를 세워놓고 이 옷 저 옷 걸쳐볼 엄두가 나지 않아 애써 외면하던 중이었다.
 뜻밖에도 남편이 사고 싶은 게 있느냐며 입어보라고 권했다. 한두 번으로 끝낼 참이었는데 천천히 고르자는 바람에 모처럼 아이쇼핑까지 함께 즐겼다.
 일선에서 물러나 헐거워진 시간이 여유를 만들어 주는 걸까. 부부 모임 때도 일찌감치 나서자며 채근하기는커녕 본인이 더 늑장을 부린다. 세월이 사람을 바꾸어 놓았다면 한쪽만이겠는가. 나는 요즘 함께 탁구 치는 사람들로부터 성질이 급하다는 말을 자주 듣는다.

 서로 다른 바탕에서도 한세상 부대끼며 살아가노라면 시나브로 상대편 성향으로 기울어져 가는 모양이다. 부부라는 이름으로 긴 여정을 이렇게 다가가다 보면 연리지가 먼 얘기가 아닐 성싶다. 부부란 연리지가 되어가는 과정에 있지 않을까.

섬집아기 55cm×35cm
화선지, 먹

# 어머니의 동반자

친정에 왔다. 지난봄에 들렀을 때보다 어머니는 더 왜소해져 검불 같은 모습이다. 시간의 흐름도 나이와 같은 속도로 가속이 붙는다니, 구순의 어머니에게 삶은 시속 90킬로미터의 속도로 흐르고 있나 보다. 누워서도 연신 가쁜 숨을 몰아쉬신다.

방 주인의 몸피가 줄어들어서인지 방 안이 예전보다 휑하다. 빛바랜 덮개를 쓴 채 붙박이처럼 앉아 있는 재봉틀도 덩달아 부피가 작아 보인다. 어머니와 함께 늙어가서 점점 가벼워지고 있을 것 같다.

덮개 속의 몸체가 궁금해진다. 젊은 날 반질반질 흐르던 검은 윤기를 지금도 유지하고 있을까. 윤기는커녕 검버섯이 덮인 주인의 몸처럼 군데군데 녹이 슬지는 않았을지. 이제 어머니는 방 안에서도 거동하기 힘든데 저 틀의 성능은 여전할까. 세월에 장사 없단 말이 어디 사람에게만 해당되랴. 손잡이를 돌리면 탈탈탈탈 경쾌한 소리가 났는데 이젠 터얼터얼 쉰 소리를 낼 수도 있겠다.

재봉틀이 어머니와 함께한 세월이 얼마인가. 어렴풋한 기억으로 내가 대여섯 살 무렵 대처에 나갔던 엄마를 따라 들어왔다. 주인과 함께 반세기를 넘긴 셈이다. 가전제품이나 기계가 없던 시절에는 동네 사람들의 구경거리이기도 했으니 희소성만으로도 빛이 났다. 안방 윗목에 상전처럼 앉아서 주인의 지난 내력을 소상히 봐 왔을 것이다.

어머니는 자랄 때부터 길쌈이며 바느질이 일과였다. 늘그막에도 바느질에 얽힌 이야기인 '조침문'을 줄줄 외우시곤 했다. 옷매무새가 야무지고 재봉 솜씨도 남달랐다. 할아버지께서 외출할 때마다 버선코가 일품이라며 며느리의 재주를 치켜세우셨단다.

어려운 살림살이에도 우리 가족들의 입성 또한 남루하지 않았다. 해진 옷가지가 멀쩡하게 바뀌고 난전에서 헐값으로 산 옷이 그럴싸한 외출복으로 재탄생했기 때문이다. 형제들은 덧대어 기운 옷도 부끄럽지 않았다고 입을 모은다.

재봉틀은 주인의 손만 닿으면 신바람이 났다. 한복 뜯은 천을 조각조각 꿰맞추어 밥상보도 만들어내고 베개 모서리도 무지갯빛으로 치장시키느라 바지런히 돌고 돌았다. 늘그막에도 어머니는 속옷까지 지어 입으셨다.

쇠붙이는 나이 먹을수록 단단해지는지 말썽 한번 부리지 않았다. 엄마 곁에서 묵묵히 헌신한 공이야 크지만 내가 어릴 적에는 곱게 뵈지 않을 때가 많았다. 또래들의 설빔이 부러울 때가 그랬다. 새 옷 타령을 해봤자 번번이 공염불이 되고 새 옷 같은 헌옷, 엄마표를 만들어내는 재봉틀이 싫었다.

여름 날씨는 변덕스러워 아침나절에는 맑다가도 학교가 파할 즈음 비가 쏟아지는 때가 잦았다. 엄마는 딸이 빗속으로 오릿길을 내달아올 때까지 우산 들고 마중 나오시질 않았다. 여느 집처럼 자식들 우산을 챙기고 곡물을 볶아 식구들의 입을 달콤하게 녹여주는 대신, 재봉틀과 한몸이 되어 세상 시름 다 잊은 듯한 엄마. 앵돌아진 내 마음은 털털털털, 방문 밖의 빗소리까지 삼켜버리는 재봉틀이 얼마나 얄밉던지.

지난봄에는 모시고 사는 큰올케가 서울에서 수술을 받게 되어 당분간 작은오빠네로 가시게 되었다. 오래 묵게 될지도 모른다는 내 말에, '그라믄 틀질을 해야 될 낀데 가져가야겠다' 하시는 게 아닌가. 오랜 세월 함께하다 보면 물건도 피붙이 같아질까. 두 사람이 맞들어도 만만찮을 쇳덩이를 먼저 챙길 요량이었다. 늘그막의 유일한 놀잇감인지, 머리맡에 재봉틀이 없는 당신의 거처가 허전해서인지 알 수 없는 일이었다.

하기야 옆에 두는 것만으로도 마음이 안정되는 존재인지. 카터 대통령 부인 로잘린 여사가 백악관에 들어갈 때 평소 쓰던 재봉틀을 가져갔다는 신문 기사를 본 적이 있다. 영부인의 일정에 언제 바느질할 틈이 있겠는가.

장롱 속 깊숙이 들어 있는 어머니의 수의(壽衣)도 세상에 하나뿐인 맞춤옷이다. 보지 않아도 품이며 기장이며 그날의 당신 몸에 낙낙하도록 만들었을 것이다. 망백(望百)에 이르기까지 험한 세상 딛고 섰던 발, 그 발을 감싸게 될 버선은 코가 얼마나 맵시가 날지. 눈썹달 같으리란 상상을 해본다.

동고동락한 세월만큼 안으로는 주인의 굴곡진 삶의 무늬가 겹겹이 새겨졌을 재봉틀을 마주하고, 마지막에 입고 떠날 옷까지 만들었다. 탈탈탈탈 재봉틀을 돌리며 무언의 이별 의식이라도 치르지 않았을까. 자리에 앉기조차 버거운 어머니의 대답이 궁금해진다.

"아직도 틀바느질 하고 싶소?"

"바늘귀만 꿰면 얼마든지 하고말고"

핏기없는 어머니의 낯빛에 얼핏 생기가 돈다. 식지 않는 주인의 욕구처럼 재봉틀도 젊은 날의 팽팽한 기운이 꺾이지 않았을지 모른다.

물건이라고 세월이 더할수록 낡아지기만 하겠는가. 쇠락함이 화려함을 뛰어넘는 그 무언가가 있을 것이다. 젊음의 싱싱함과는 비교할 수 없는 연륜의 무게와 아름다움이 묻어날 수도 있지 않을까. 그렇다면 시간의 흔적을 지닌 빈티지로서뿐 아니라 세월의 힘이 더해져 골동 같은 품위가 입혀졌을 수도 있겠다.

동반자로서, 어머니 한 생애의 시간을 총총 박음질한 충성스러움에 감사할 따름이다.

모란, 당신의 향기 37cm×150cm
광목천, 패브릭물감, 먹

# 향기에 대하여

모 문학지 세미나에 참석했을 때의 일이다. 봄 강좌 때, 한 교수님의 흥미진진했던 그 강의를 다시 듣게 된다는 기대로 마음이 들떠 있었다.

그날은 지난번에 수강했던 내용을 더덜없이 반복하는 것이었다. 실망스러웠다. 원로 교수님들의 자세도 그랬다. 서로 논쟁이 팽팽해지는가 하면, 작가들의 질의에 응답하는 형식을 빌어 장황한 강의로 빗나가다 보니 예정된 종강 시간이 한참 지연되었다. 늦은 저녁 식사 자리에서 참가자들의 볼멘소리가 들리고 분위기가 술렁거리는 채, 세미나가 끝났다.

한 젊은이의 참신한 발표가 아니었다면 그날 행사에 대한 아쉬움을 어떻게 만회할 수 있었을까. 그 학생은 수필이 신세대들에게 외면당하는 이유를 연구 분석하여 몇 가지 논증을 통해 명쾌하게 제시했다. 노교수님들의 진부한 태도에 대비되어 신선함이 돋보였는지, 한결같이 그날 세미나의 백미라며 찬사를 보냈다.

연로한 지식인에 대한 실망이 컸던 탓인가. 문우들과 찻집에서의 뒤풀이도 어떤 모습으로 늙어갈 것인가, 자못 진지한 토론이 이어졌다. 품위 있게 나이 들어 귀감이 되는 어른이나 스승을 만나기가 쉽지 않은 세상인가 보다.

노년에 이를수록 오래된 술처럼 그윽한 향기가 날 수는 없을까. 근래 내가 만나는 한 퇴직 교수님을 생각한다. 서른 해가 넘도록 국문학 강단을 지키신 분으로, 미술에도 조예가 깊어 형형한 눈빛에서 예술적 끼가 넘친다.

강연장에서는 유머 수필가답게 해박한 지식이나 위트로 좌중의 폭소를 자아내는 선생님. 장서가로도 유명해서 제자들마다 맞춤형 책으로 챙겨주시는, 누구에게나 자별하신 분이다.

선생님은 사람이나 글에서나 항상 칭찬거리부터 찾으신다. 만면에 박꽃 같은 미소를 띠고 덕담이나 유머로 분위기를 끌어가시는, 천생 이웃집 할아버지다. 아랫사람에 대한 배려는 물론 음식을 대하는 자세까지 남다르다. 식당마다 이집 음식 맛이 일품이라며 부추기는 바람에 우리도 그냥 맛있는 시늉을 하게 된다.

정작 자신은 내세울 줄 모르는, 겸손이 몸에 밴 분이다. 한 번은 고개까지 숙이며 전화받는 자세가 하도 공손하길래 상대가 누군가 궁금했다가, 옷 수선을 맡긴 세탁소 주인이라 해서 놀란 적이 있다.

고매한 학식과 인품을 갖춘 분으로 존경스럽기만 했는데 어느 날 재미있는 모습으로 다가왔다. 평소 화제를 가리지 않는 선생님은 추석날 따님한테 용돈 받은 얘기를 하면서 연신 벙글벙글 웃으셨다.

오십만 원을 받았는데, 사모님께는 비밀로 했다는 것을 딸이 넌지시 귀뜸해 주었다. 같은 액수를 받은 부인께 용돈 받은 적 없노라고 시치미를 뗐더니, 남편이 안돼 보였던지 이십만 원을 건네주신 모양이었다. 그 돈이 덤으로 생긴 셈이다.

"할마시가 돈을 좀 밝히는데 삼십만 원밖에 못 챙겼지 뭐야."

활짝 웃으시는 얼굴이 할아버지께 예상보다 많은 용돈을 받은 무구한 소년의 모습이었다. 그날따라 붉은색 체크 무늬 남방에다 진 바지로 몇십 년의 세월을 거꾸로 돌려놓은 차림이었다.

젊은 날 여학생 앞에서 강의할 때 천장을 바라보며 독백하듯

이 중얼거리셨단다. 보지 않아도 그려지는 수줍음이 겹쳐져서일까. 몇십만 원에 횡재라도 한 듯 소리를 높이며 거푸 얘기하는 선생님의 얼굴에서 순간 귀엽다는 느낌이 스쳤다. 은사님께 귀엽다는 표현이 외람되지만 아이 같은 순수함이야말로 연륜이 쌓일수록 간직하기 쉽지 않은 모습이다.

한 사람의 이미지란 그의 삶의 궤적을 아우른 총체적 결정체다. 오랜 시간 맑은 강물이나 땅속에 보관한 참나무를 적당한 바람과 햇볕에 정성 들여 말리면 그윽한 향이 난다. 이를 침향이라 한다. 침향뿐 아니라 겸허히 시간을 견디어 온 사람에게도 특유의 향기가 있다. 부박한 세상에 물들지 않은 원형질의 향기 같은 것을 맡을 수 있다. 상대를 편안케 하는 여유와 선의, 해학이 담긴 선생님의 은빛 주름 속에서 침향 같은 향기가 난다.

노년을 아름답게 살기가 쉬운 일인가. 모습에서 탄력을 잃어가고 정신에서 맑은 영혼이 쇠락해지면 몸과 마음이 흐트러진다. 서녘 하늘 황혼처럼 노년을 곱게 물들여갈 수는 없을까. 귀가 순해져서 듣는 대로 이해된다는 연륜에 이르렀으니 내게도 자주 떠오르는 물음이다.

'한 인격을 성숙하게 하는 데는 적어도 60년이 소요된다. 그렇게 성숙한 인간이 되고 나면, 그때 그가 가장 쓸모 있는 곳은 죽음이다.'

앙드레 말로의 일침이 문득 크게 들린다.

섬유채색화 모란 50cm×50cm
광목천, 패브릭물감, 먹

# 한집에 살아요

　중학교 때 담임선생님이 치매로 투병 중이라는 소식을 들었다. 팔순 즈음인데 무남독녀인 따님도 못 알아보신다니 믿기질 않아 한동안 어안이 벙벙했다. 세계를 쥐락펴락했던 레이건 전 미국 대통령이 알츠하이머에 걸리고, 한 시대를 풍미했던 우리나라 탑 여배우도 치매로 생을 마감했다. 세상을 들썩이게 했던 그때도 이토록 황당하거나 허망하지는 않았다.

　선생님은 입학부터 졸업 때까지 우리 반 담임이었다. 동기동창인 남편 반도 3년간 영어를 담당해서 우리는 가끔 선생님의 얘기로 까마득한 그 시절을 불러내곤 하는데.

　돌아보면 선생님은 한결같이 절제된 언어로, 냉철하되 부드러운 카리스마로 학생들을 지도하셨다. 우리도 감히 선생님에 대해 불평하는 일이 거의 없었다. 그래서인가 우리 반은 늘 모범 학급이었다.

 수업 방법도 남달랐다. 한 단원이 끝날 때마다 단어 시험을 치고 문법도 귀에 쏙 들어가게 가르쳐서 나는 일찌감치 영어에 재미를 붙였다. 진학 후에도 기초가 튼튼해서 영어 공부가 수월하더라며 동창들이 입을 모으곤 했다. 반세기가 지난 지금도 그때 외운 단어나 영문법이 생생할 때가 있다.
 월말고사가 끝날 때면, 선생님은 서너 명을 불러서 시험지 채점을 맡기셨다. 학생이 교사를 도와 시험지 관리하는 일이 흔히 있던 시절이었다. 우리는 각 반의 우등생 시험지부터 채점하고는 누가 몇 점을 받았나, 열을 올리곤 했다.
 3학년 때였던가. 한 남학생이 유일하게 만점이었다. 나는 떨떠름한 기분으로 그의 시험지를 샅샅이 훑었고, 잘못 매긴 한 문제를 발견했다. 조동사 must에 not이 붙어있어서 ~해서는 안 된다로 해석해야 하는 것을, 안 자가 빠졌는데 동그라미가 쳐져 있었다.
 훗날 그 학생과 부부의 연을 맺을 줄 알았더라면, 내가 이 잡듯이 재검토하고 큰일이라도 해낸 듯 기고만장하지는 않았을 텐데. 함께 살다 보니 그는 매사 꼼꼼하지 못한 덜렁이어서 그때 한 글자 빼먹고 다른 문장은 어떻게 제대로 썼을까, 의문이 들 정도다.

 희망하던 학교로 진학하지 못한 나의 고교 시절은 늪에 빠진 듯 방황의 연속이었다. 나는 엉킨 실타래 같은 갑갑한 마음을 선생님께 투정 부리듯 글로 피력하곤 했다. 어디서든 공부하기 나름이라고 일침을 놓기도, 때로는 다독여 주셨던 선생님. 예나 지금이나 제자가 스승의 가르침을 어찌 짐작하랴, 잠시 위안이 되었을 뿐 새겨듣질 못했으니.

 우리의 결혼식 날은 남녀 동창 하객들로 소동기회가 되었다. 선생님은 학교 일정이 있어 참석하지 못하고 축전으로 대신해 주셨다. 결혼 휴가 마지막 날, 우리가 전근 가신 D시로 찾아뵈었다. '새신랑 신부가 오니 학교가 환하구먼' 교문 밖까지 마중 나오신 선생님의 얼굴도 보름달처럼 환했다. 까까머리 중학생이던 우리가 부부라는 이름으로 선생님을 마주하는 머쓱함을 알아챘는지. 초가을 햇살이 그득한 운동장에서 코스모스도 수줍은 몸짓으로 하늘거렸다.

 선생님이 삼계탕집에서 고기를 덜어주시며 신부가 너무 야위었다고 걱정하셨다. '내가 싫다는데 자꾸 따라다녀서요' 했더니 '나는 그 반대일 것 같은데' 우리의 쑥스러움을 저만치 날려버린 선생님의 위트가 여태도 기억에 생생하다. 마지막으로 뵈었던 불혹 즈음의 그때, 파란 원피스 차림의 선생님은 청잣빛 하늘처럼 푸르렀고 교사로서의 풍모도 여전히 중후해 보였다.

몇 해 후 우리는 서울로 올라왔고 중년으로 접어들 무렵, 선생님이 교장으로 승진하셨다는 낭보를 들었다. 그해 스승의 날이었다. 남편이 교장실로 화분을 보내면서, 이런저런 안부 전화 끝에 서울 한번 오시라는 말을 덧붙였다. 내 이름을 대며 함께 잘 모시겠노라고.

다음 날 선생님한테서 전화가 왔다. 지방의 몇몇 동창들이 스승의 날 학교를 방문했길래 우리 얘기를 꺼내셨단다.

"걔들 둘이는 서울에서 어디 가까이 살고 있나 봐."

"가까이가 뭐예요, 한집에 살고 있지요, 꽤 오래됐지요."

모두 깔깔 웃으며 한 마디씩 거들더라, 너희 둘이 결혼한 사실을 깜빡 잊었다며 공연히 미안해하셨다. 전화기가 뜨끈하도록 함께 웃었던 그때가 마지막으로 선생님의 목소리를 들은 날이었다. 중국 한인 학교에 재직하신다는, 은퇴 후의 근황을 남편을 통해서 듣기는 했지만.

　기억이나 언어 판단력, 여러 인지 기능의 저하로 일상생활을 제대로 수행하지 못한다는 치매. 인간에게 너무 가혹한 그 병마가 선생님의 남은 생을 송두리째 잠식하고 있는 듯해 안타깝기 그지없다.

　사려깊고 이지적인 선생님의 늘그막에 다양한 지적 기능이 지속적으로 감퇴되어 왔다는 사실이 생각할수록 어불성설일 것만 같다. 'Repeat after me' 선생님의 또렷한 목소리가 아직 귀에 선한데.

　"참, 너희 둘이 한집에서 잘 살고 있지?"
　행여 기억 한편에 남아 있어서 다시 한번 상기해 내실 순 없을까. 부질없는 바람이지만 간절한 마음이다.

삶 65cm×35cm
화선지, 먹

# 오일장

시댁에 다니러 왔다. 가는 날이 장날이라더니 마침 오일장이 서는 날이다. 시골 장을 구경하고 싶던 차에 열 일을 젖쳐놓고 나섰다.

초입부터 저잣거리가 달아오르고 있다. 도로변에 늘어선 야채 과일 묘목 트럭에서 소리소리 외쳐대고, 틈새 길바닥에다 푸성귀를 펼치는 아낙네들의 손놀림도 분주하다. 좌판을 건드릴라, 발을 조심스레 내딛이며 시장 안으로 들어간다. 앞뒤로 따라붙는 손수레나 할머니들의 유모차도 요리조리 비켜가면서.

좌판이 뜸해지자 가건물이 사방이 뚫린 지붕을 이고 줄지어 서 있다. 지붕은커녕 가림막조차 없던 시절, 친구 어머니는 난전에서 일용품 장사를 하셨다. 세월이 흘러 앞가림하게 된 자식들이 극구 만류했단다. '아서라, 이제 지붕까지 생겼는데 백화점에서 일하고 있지 않느냐' 천장 하나에 감지덕지하며 늘그막까지 버티셨다던 그 어른도 돌아가신 지 오래다.

앞줄에 늘어선 옷 가게 깊숙이 오후의 햇살이 들이찼다. 오일장의 얼굴답게 얼기설기 걸린 옷가지로 삼면이 총천연색이다. 어린 내가 밤새 설빔을 졸라대어도 좀체 마음을 열지 않던 엄마도, 깜짝 장에 나타나면 마지못해 바지 하나 사 주셨던 곳이다.

서너 군데의 옷 가게에서 신발 가게로 이어진다. 슬리퍼부터 장화까지 진열대를 빼곡히 채우고도 들쑥날쑥 바닥에 널려 있다. 신발을 살 때는 엄마 앞에서 꾹꾹 눌러가며 신어 봐야 했다. 발에 채 맞기도 전에 낡아버릴지언정 낙낙해야 내 신발로 선택될 수 있었으니. 노란 장화는 쳐다보기만 했을 뿐이어도 고무신을 운동화로 바꿔 신은 날은 팔랑팔랑 날아다닐 것 같았다.

건어물전과 마주한 생선 가게를 지나자 눈앞이 온통 시퍼렇다. 도회지 사람들의 발걸음을 무시로 끌어당기는 채소전이다. 시골 장의 백미인 만큼 붐비는 사람들로 시끌시끌하다.

초등학교 시절, 엄마가 밭작물을 내다팔 때 나는 장돌뱅이였다. 학교가 파하자마자 한달음에 채소전으로 갔다. 돈 10원을 받아서 무싯(無市) 날에는 침만 삼키던 국화빵을 사 먹는 날이다.

궁기(窮氣)가 더덕더덕한 구멍가게에서 노릇하니 구운 풀빵은 달콤함의 끝판왕이었다. 조그만 빵 열 개의 위력은 대단해서 집으로 가는 오리 길의 불볕더위도 맹추위도 떨칠 수 있었다. 지금도 나는 길거리에서 굽는 붕어빵을 지나치지 못한다.

내가 채소전을 들르지 않고 곧장 집으로 오는 날이면, 저 장돌뱅이가 안 갔는데 '자인장'이 제대로 섰겠냐며 온 식구들이 한마디씩 놀려대곤 했다.

길 건너 우뚝우뚝 건물이 들어선 곳이 옛 우시장 터였겠다. 농촌마다 우골탑(牛骨塔)을 쌓아가던 시절, 친정아버지 생애의 큰 부분을 읽게 하는 곳이다. 우리 형제들의 등록금 시기가 다가오면 아버지는 황소를 몰고 우시장으로 가셨다.

저녁 무렵 당신 손에 이끌려 오는 소는 논갈이는 해낼까 염려스러운, 한 눈에도 어려 보이는 중 송아지였다. 허위허위 들어서는 아버지의 얼굴은 노을이 진 것처럼 불콰했다. 애지중지 키워서 보낸 식구(?)가 서운한 데다가 등록금만큼의 부피가 빠진, 새 식구의 덩치가 마뜩잖아 막걸리로 달래신 모양이었다.

드디어 시어머니가 몇 해 전까지 운영하시던 싸전이다. 이 시장은 친정보다 시댁의 역사를 깊숙이 품고 있다. 온갖 곡식들이 이름표를 달고 두어 평 공간에 발 디딜 틈 없이 들어찼다.

곡물뿐이랴, 반세기에 이르는 어머니의 고달팠던 세월까지 켜켜이 쌓였던 공간이다. 모진 비바람 속에서도 묵묵히 생의 무게를 견뎌냈던 곳. 풍진 세상을 맨몸으로 맞서서 수없는 굴곡을 넘나들었을, 한 생의 파노라마가 고스란히 그려진다.

저울조차 없었던 시절에는 됫박 하나로 허리를 굽혔다 폈다, 곡식을 퍼담았다. 구부린 등 뒤로 고단했던 당신의 세월이 휘어져 있고, 됫박은 인고의 시간만큼 닳아져 모서리마다 반질거렸다. 그 억척스러움이 몸에 배어서인지 어머니는 다리에 바퀴가 달린 듯 재바르시다.

남편이 지방 근무할 때였다. 추석 선물로 햅쌀 한 되가 들어왔다는 전화가 왔다, 한 말이 아니냐고 몇 번을 되물어도 한 되라 했다. 명절 지내기에 부족할 것 같아 한 말을 더 샀다. 아니나 다를까, 그가 들고 온 쌀은 한 말이었다. 쌀집 아들이 되와 말의 양을 가늠할 수 없다니, 이 가게가 오롯이 어머니의 노동으로 일구고 다진 터전이라 여기게 했던 대목이다.

금융기관에 합격한 남편이 제일 먼저 달려와 어머니 손을 잡았던 이 싸전. 시동생의 서울 유학 바라지의 공신이기도 했으니 주인에게 돈맛과 함께 자부심도 안겨주었을 것이다. 하여 부모로서의 위엄이나 당당함, 과하다 싶은 자존심까지도 예서 부추겨졌으리라.

  아들들이 번듯한 직장을 가졌어도 어머니의 돈맛을 멈추게 할 수 없는 이유가 자꾸 늘어났다. 아들네로 바리바리 싸서 보내는 비용이며 손주들의 커가는 머리만큼 용돈도 커지기 때문이었다.
  '쓰고 있는 열쇠는 항상 빛이 난다'는 말처럼 어머니는 곡식을 만지실 때 얼굴이 펴지고 어깨에 힘이 실렸다. 그바람에 자식들이 품을 떠난 후에도 오지랖에 쌓이는 적적함이나 외로움이 다소 덜어지기도 했으리라.

  풍요보다는 궁핍했던 시절에 이 장터와 함께 세월의 능선을 넘어온 부모님들. 그 생애에 덧입혀진 일화들을 소환하며 시장통을 헤찰하다 보니 어느새 저물녘이다. 시장은 파장 분위기로 술렁이고 나는 시 한 수 흥얼거리며 집으로 간다.

  국수가 먹고 싶다 / 이상국

  사는 일은 밥처럼 물리지 않는 것이라지만

때로는 허름한 식당에서 어머니 같은 여자가 끓여주는 국수가 먹고 싶다

삶의 모서리에서 마음을 다치고

길거리에 나서면

고향 장거리 길로 소 팔고 돌아오듯

뒷모습이 허전한 사람들과 국수가 먹고 싶다.

세상은 큰 잔칫집 같아도

어느 곳에선가 늘 울고 싶은 사람들이 있어

마음의 문들은 닫히고

어둠이 허기 같은 저녁

눈물 자국 때문에 속이 훤히 들여다보이는 사람들과 따뜻한 국수가

먹고 싶다.

# 4
## 옥돌에 내리는 비

행복 7inch×5inch
엽서(띤또레또), 붓펜

# 속돌에 내리는 비

밤늦은 시각에 남편의 전화가 들어왔다. 연이틀 운동 스케줄이 잡혀 있어 며칠 전부터 눈치를 살피는 기색이었지만 나는 짐짓 모른 척했다.

곧 집 앞에 당도할 테니 길 건너 공원에서 술 한잔하자는 제의다. 밤이 늦었다, 핑계를 대며 곧장 들어오라고 실랑이를 벌이다가 집 바깥에서 맞닥뜨렸다. 한밤의 공원이 내키지 않아 아파트 앞 벤치에 나란히 앉았다.

선선한 늦여름 바람을 안주 삼아 그가 사 온 캔 맥주를 들이켰다. 가슴속이 시원하게 뚫리는 듯하다. 나에 대한 그의 미안함과 내게 묻어온 시큰둥한 분위기가 한잔 술에 용해되어 진종일 가라앉았던 기가 살아난다.

사람들과 어울리거나 운동을 좋아하는 남편은 집 바깥에서 보내는 시간이 많다. 나는 젊은 날부터 그의 늦은 귀가에 잘 길들어 있는 편이다. 주말까지 연장되는 날에는 내 기분에 빨간불이 켜지곤 했는데 그것도 세월과 함께 덤덤해졌다.

그런데 자식들이 장성해서 독립한 후로, 한때 유행했던 빈 둥지 증후군이라는 말을 새삼 실감할 때가 있다. 덩그러니 혼자 남아 신산한 삶의 단상들을 떠올리며 빈 둥지를 지키는 저녁 시간이 문득 길게 느껴질 때다. 다 큰 자식들과 한솥밥을 먹으며 부대끼는 일도 만만찮아서 서로가 자유로워지길 은근슬쩍 바랄 때도 있었는데.

찬바람이 가슴속을 횡 지나가는가 하면 소중한 무언가를 잃은 듯 허허롭기도 하다. 마음 한 기슭에 내밀한 외로움 한 자락씩 끼고 살아가는 세월에 이르러서인가 보다. 관계의 타성이나 그때그때의 분위기에 빠져 잠시 잊고 있었을 뿐 외로움은 늘 우리를 기다리고 있지 않던가.

맛나게 읽어 내려가던 책도 저만치 밀어두고 마음 붙일 만한 TV 프로를 찾느라 애꿎은 리모트만 눌러대노라면 씁쓰레한 기분이 들기도 한다. 애써 익힌 홀로서기가 무력해지는 건 나이 따라 얹혀오는 자연스러운 현상인지, 아니면 자기 관리나 시간 관리 능력을 나무라야 할까.

　나 홀로 집의 주부가 더러는 우울증에 시달린다는 말이 나돌던 때도 있었다. 빈집의 고즈넉함을 메우고자 한 잔 두 잔 입에 대던 술이 늘어나 알코올 중독자로 전락하는 사람들도 있다며. 술은 비와 같아서 진흙에 내리면 진흙탕을 만들지만 옥토에 내리면 꽃을 피운다고 한다.
　나는 술을 좋아하는 집안에서 자랐다. 식사 때마다 반주가 따랐지만 술맛을 잘 모른 채 살아왔다. 맥주나 소주 맛이 그저 시원하다거나 알싸하다는 정도여서 남편이 생선회와 곁들여 마시는 술이 못마땅해 눈살을 찌푸리곤 했다. 카바레와 호프집을 분간하지 못했던 내게 아이들이 성장한 틈새로 하나둘 모임이 늘어나면서 술자리가 생겨났다. 어느새 회는 소주와 어우러져야 제맛이 나는 것까지 알게 되었다.
　분위기 만들기를 좋아하는 남편은 좋은 음악만 흘러나와도 포도주를 따르고 싶어한다. 술에 대한 나의 발전을 은근히 반기는 눈치다. 요즘은 이런저런 이유를 달아가며 건배하는 날이 잦아지면서 간단한 술상 차림으로 식사를 대신하기도 한다.

닭 날개를 바싹하게 튀겨서 생맥주를 곁들이다 보니 어느새 주말의 단골 메뉴로 등장했다. 밥상 차림보다 수월한 것이 내가 좋아하는 이유인데 남편은 가족과 느긋하게 술 마시는 시간이 즐거운 모양이다.

얼마 전, 더위가 한결 누그러지던 때였다. 밤공기가 선선하던 그즈음 집에서 펴던 술자리를 동네 앞 공원으로 옮겨 보았다. 잔디 위에 돗자리를 깔고 희미한 불빛 아래 맥주를 마시며 마른안주를 질겅댔다.

알딸딸해진 우리는 나란히 누워 새까만 하늘에 떠 있는 별을 찾았다. 어릴 적 매캐한 모깃불 연기를 맡으며 평상에 누우면 촘촘한 별무리가 하늘을 가렸는데. 그 많던 별들은 다 어디로 갔을까. 깊은 산골인 외가에서 소 몰던 어린 시절을 주절주절 늘어놓는 남편의 얘기는 공원의 불빛이 스러질 때까지 계속되고, 나는 흘러간 노래를 흥얼거렸다.

우리의 삶은 어디쯤 와 있는가를 반추하며 강물처럼 흘러가 버린 젊은 날을 아쉬워하면서도 가슴은 풋풋하게 젖어왔다. 저녁달이 떠오르는 강가에서 잠시 맑은 바람 한 줄기를 마주하고 선 기분이었다.

다람쥐 쳇바퀴 도는 듯한 내 일상이 펼쳐지는 공간과 길 하나를 사이에 둔 지척에서 그런 분위기를 맛볼 수 있다니. 잠깐이나마 나의 행복지수를 높여주었던 그 날 이후로, 틈만 나면 우리는 공원에 술자리를 마련하고 싶어한다. 오늘 밤도 남편은 공짜와 다를 바 없는 한잔 술로 내 기분을 돋우려 했던가 보다.

그와 내가 마시는 술은 옥토에 내리는 비가 되어 우리 부부에게 꽃을 피우게 할 것이다.

섬유채색화 여뀌 50cm×50cm
광목천, 패브릭물감, 먹

# 봄맞이

쑥 뜯으러 가는 날, 혼자 봄 마중 나선 발걸음이 가볍다. 전철역을 나오자 활짝 핀 개나리가 나를 반겨 준다. 나른한 볕살에 제 몸을 가누기가 겨웠던지 노란 포물선을 그리며 산모롱이까지 늘어섰다.

우면산 자락에 들어서자 산기슭이 봄의 향연으로 분주하다. 옹기종기 둘러앉은 남새밭에선 푸성귀가 솟아나고 밭두렁마다 쑥이 지천이다. 봄비 몇 모금에 부쩍 자라 젖살 오른 아기 손처럼 토실토실하다.

예전에는 음력 삼월 초사흗날에 쑥국을 먹었다. 쑥은 초봄에 돋아 이렇게 연한 이파리라야 제맛이 나는데 겨울이 길었던 옛날과 달리, 요즘은 삼짇날쯤에는 국 끓이기에 늦은 감이 든다.

우리 속담에 '애쑥 국에 산골 처자 속살 찐다'라는 말이 있다. 갓 돋아난 쑥으로 국을 끓여 먹은 처녀가 새봄을 맞아 한층 성숙해진다는 뜻이다. 쑥이 생기와 윤기를 더해 준다는 말이니 생식과 다산의 의미까지 담고 있으리라는 생각을 해본다.

한 움큼씩 뜯은 쑥을 작은 소쿠리에 담는다. 이 대소쿠리는 찬장 깊숙이 자리하고 있다가 나물 캐러 갈 때나 요긴하게 쓰이는데 혼수품이라 애착이 간다.

잎이 너풀너풀한 쑥 무더기를 손에 잡을 때마다 기쁨으로 충만해진다. 금세 뜯은 이파리는 얼마나 향기로운지 연신 코를 벌름거린다. 쑥은 봄나물의 주체답게 잔설을 비집고 제일 먼저 속잎을 틔워낼 뿐 아니라, 내 후각으로는 봄의 향취도 가장 짙게 풍기는 식물이다.

생명력도 뛰어나 둔덕이나 후미진 곳, 척박한 땅에서도 잘 자란다. 가파른 보릿고개를 넘어야 했던 시절에는 쑥으로 죽을 쑤어 시장기를 달랬다고 한다. 그러나 입춘이 되면 임금님 상에도 올랐다니 쑥이 초근목피로 연명해 온 가난의 상징으로만 볼 수 없을 것 같다.

혼자서 콧노래를 부르며 바지런히 바구니를 채우고 있는데 중년의 두 아주머니가 슬그머니 옆에 와 앉는다. 그들은 가족 이야기며 주식 흐름, 번잡한 세상사로 수다를 떨면서 비닐봉지에 쑥을 뜯어 담는다. 일상의 소란스러움에서 벗어나 조용한 나물 세상의 행복감에 젖어 있던 나는, 그들의 얘기를 외면하려 하릴없이 먼 산을 쳐다보곤 한다.

그녀들은 앉았다 섰다를 반복한다. 싫증이 나는 모양이다. 나더러 진득하게 앉아 있는 걸 보니 나물 캘 줄을 아는 사람이라며 한 마디씩 건넨다. 봄에 여자의 마음이 설레는 것은 원시시대 때부터 남자는 사냥에, 여자는 채집에 맞게 인체를 적응시켜 왔기 때문이라 한다.

나는 바람 끝이 차고 봄의 기척이 느껴지기도 전에 하마 나물이 돋아났나, 주변을 살피곤 한다. 아마도 채집의 유전자가 내게는 많이 남아 있나 보다.

진달래 개나리꽃이 만발하고 벚꽃축제가 요란해도 나물 채취가 여의치 않으면 나의 봄맞이는 시큰둥하다. 지난해에는 서울에 살고 있는 고향 친구들을 불러 모아 연이틀 강변에서 쑥을 뜯으면서 동창회를 했다. 들풀이 일렁이고 달래 쑥 냉이가 지천으로 널린 남녘의 들판을 함께 떠올리면서. 유년의 보드레한 추억들까지 모아 바구니에 소복이 담은 날이었다.

아주머니들이 자리를 털고 일어난다. 시장 가서 몇천 원어치면 족할 걸, 사서 고생이라며. 밭두렁으로 잰걸음인 뒷모습을 바라보며 그들과 나의 감성 지수를 가늠해본다. 급류와도 같은 시간의 흐름에 표류하듯 살아가는 도시인들에게, 나물에 코를 박고 있는 이런 한가로움이 통하기나 할는지.

나물 먹고 물 마시며 팔베개를 베고 살아가는 것을 이상으로 여겼던, 옛 선비들의 삶도 이런 데서나 한 번쯤 떠올려 볼 일이다.

자랄 때부터 나는 텃밭의 푸성귀를 뜯고 볕 바른 마당에서 다듬는 일이 싫지 않았다. 요리하는 일에는 흥미가 없어도 잔손이 많이 가는 나물 손질은 재미있다. 식성까지 채식 위주여서 식구들이 사시사철 템플스테이나 다름없다며 투덜대어도 우리 집 밥상은 늘 시퍼렇다.

'봄날 들녘에 나가 쑥과 냉이를 캐어 본 추억이 있는 사람과 결혼하라
된장을 풀어 쑥국을 끓이고 스스로 기뻐할 줄 아는 사람과 결혼하라'

정호승 님의 시 '결혼에 대하여'에 이런 구절이 나온다. 시인

이 염두에 둔 사람도 나 같은 사람이리라. 시인의 바람처럼 오늘 저녁, 된장을 풀어 쑥국을 끓이면서 흐뭇해할 것 같다.

쑥국은 입이 깔깔하다는 가족들에게도 미각을 자극하는 촉진제 역할을 할 것이고. 신비한 약효를 지닌 식물로 예로부터 귀하게 여겨왔다니 건강식품으로도 한몫할 터이다.

나물 소쿠리는 푸짐해졌고 내 마음도 풍성해졌다. 뻐근한 허리를 곧추세우면서도 발치에 차이는 쑥 무더기에 자꾸 눈길이 간다. 산 위로 올라 호젓이 능선길을 걷고 싶어 발걸음을 옮긴다. 설핏한 햇빛 사이로, 아른거리는 연둣빛 물결 따라 마음이 저만치 앞서가고 있다.

한나절 흔연한 봄맞이를 한 날이다.

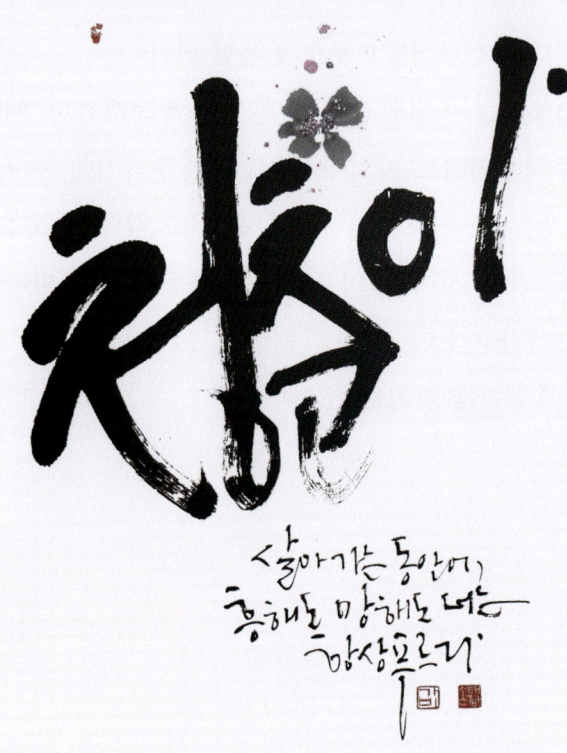

청춘아 45cm×70cm
화선지, 먹

# 구름 낀 하늘만 보아도

신발 정리를 한다. 현관 바닥에 뒹구는 신발이 여남은 켤레는 됨직하다. 신발장 안에는 세 식구의 것이 맞나 싶을 정도로 종류도 수도 엄청나다.

아들이 대학생일 때였다. 신발이 많은 데다가 디자인이 거의 같은 것도 여럿이었다. 앞으로 한 켤레라도 늘어나면 용돈을 끊겠다고 으름장을 놓았다. 얼마 후 방 한구석에서 숨겨 놓은 신발 몇 켤레가 나왔다. 용도나 계절 따라 다르고 옷과도 콘셉트를 맞추다 보니 가짓수가 불어나기 마련이다.

고작해야 집 주변에서 끌고 다니는 슬리퍼까지 한 사람이 두세 켤레씩 되는 건 좀 과하다 싶다. 온 가족이 한 켤레씩의 신발만 가졌던 시절, 슬리퍼가 초래한 웃픈 얘기를 소환해 본다.

초등학교 때였다. 주로 코고무신을 신고 다니던 시절이었는데 고무로 만든 슬리퍼가 막 선을 보이기 시작했다. 동네 또래 중 두세 명이 신고 다니는 중이었다. 재질이 나무인 '게다'가 아닌 것만도 눈이 휘둥그레지는데 색상이 하늘색 크레용보다 더 파랬다. 게다가 발을 뗄 때마다 타닥타닥 나는 소리가 얼마나 신통하게 들리던지.

새것에 호기심 많은 내가 학교 오가는 길 내내, 눈도 귀도 옆 친구의 발에 꽂혀 버렸다. 그들은 보란 듯이 발뒤꿈치로 악기 소리를 연출해가며 걸음새도 가뿐해 보였다. 슬리퍼만 신는다면 나도 십리 길을 날아다닐 것 같았다.

하지만 신고 있는 고무신 상태로 보아 새 신발을 주문하기는 어중간했다. 한두 군데 물이 샐 정도로 닳아야 하는, 엄마의 기준을 통과하기는 한참 멀어 보였다. 슬리퍼는 어린 마음을 집요하게 따라다니고, 마침내 신발 바닥에 슬쩍 구멍을 내버렸다. 말짱한 신발 찢어놓는 별난 계집애라고, 금세 눈치챈 엄마의 폭풍 꾸지람에도 내 눈앞에는 슬리퍼만 왔다 갔다 했다.

어쨌거나 새 신발을 사는 날 나는 날다시피 시장으로 갔다. 사람들이 북적이는 데서는 내 청을 거절하지 못한다는 사실을 알 만한 나이였다. 신발 가게에 들어서자마자 파란 슬리퍼를 움켜

쥐었다. 무슨 이유인가를 대며 엄마가 한사코 만류하셨지만 끝내 놓지 않았다. 타다닥 소리와 함께 발바닥에 닿는 폭신한 감각, 신어보기 전에는 몰랐던 덤까지 주어졌다.

엄마의 염려가 드러나는 데는 그리 오랜 시간이 걸리지 않았다. 흙으로 북돋워진 신작로는 한여름의 작렬하는 열기로 허옇게 들끓었고 흙먼지가 뭉텅이로 쌓였다. 슬리퍼 자국 따라 일어난 먼지가 종아리 넘어 무릎까지 뿌옇게 덮어버렸다. 그쯤이야 봇도랑에 씻으면 그만이다.

문제는 비 오는 날이었다. 형제가 여럿인 우리 집에는 일어나는 순서대로 우산의 질이 달라진다. 살 부러진 우산이 늦잠꾸러기인 내 차지가 되는 게 불만이었는데, 우산 따위는 투정거리가 아니었다. 진흙이 슬리퍼에 떡덩이처럼 들러붙어서 몸은 앞으로 움직이는데 발은 쉬이 떼지질 않았다.

간신히 발을 뗄 때마다 시커먼 흙탕물이 양 다리로 튀어 올랐다. 진퇴양난의 고비를 넘겨가며 한 걸음씩 나아가는데 뒤가 자꾸 찝찝했다. 비가 약해진 틈을 타서 등허리로 고개를 돌리다, 놀라서 주저앉을 뻔했다. 흙물이 하얀 세일러복 윗도리까지 튀어서 바탕색이 띄엄띄엄 드러날 정도였다.

학교 근처에 저수지가 있었다. 간혹 물에 빠져 죽은 사람을 위해 오구굿이 벌어지곤 해서, 맑은 날에도 피해 다닐 만큼 섬뜩한 곳이었다. 사방은 어둑하고 못가로 다가가는데 머리칼이 쭈뼛거렸다. 수면에 누런 동그라미가 그득하고 떨어지는 빗방울이 다시 원을 그리며 퍼져나가고 있었다. 조심스럽게 옷을 지르잡으려 하자 순식간에 번진 흙물이 하얀 천을 잠식해 버렸다.

저수지 둑 위로 빨간 우산·파란 우산·찢어진 우산들이 이마를 마주대고 걸어가고 있었다. 우산 밑으로 보이는 신발들, 물탕에 젖어 꿀쩍거리긴 하겠지만 그것들의 움직임은 맑은 날이나 진배없어 보였다.

할 수 없이 뒷수습을 포기한 채 학교로 향했다. 마음도 몸도 빗물에 흠씬 젖어 한기마저 돌았다. 지각보다 아침 자습 담당인 내가 판서하는 뒤꼴을 생각하니 그렁그렁 눈물이 맺혔다.

교실 옆 널찍한 신발장에 들쑥날쑥 끼어 있는 고무신들, 내 눈에는 모두 장화같이 보였다. 학교 파할 때는 비가 그칠까, 공부 시간에도 쉬는 시간에도 꿉꿉한 등허리를 의자에 붙인 채 눈은 창밖에 가 있었다.

여러 번 고충을 겪으면서도 왜 다른 신발을 요구할 엄두를 내지 못했을까. 아마도 가족 중 두 켤레의 신발을 가진 사람이 없었기 때문이었을 게다. 고무신을 사기 위해 다시 슬리퍼를 흠집낼 수도 없고.

구름 낀 하늘만 봐도 어린 마음엔 주룩주룩 비가 내렸던, 한 시절의 에피소드를 떠올리는 동안 신발장이 말끔하게 정돈되었다. 바닥에는 버려야 할 신발이 수북하다.

하나같이 흠이라곤 없는, 죄명(?)도 없이 끌려 나온 것들이다.

참 좋은 당신 1 25cm×25cm
화선지, 먹

# 그날의 레이트

하늘이 날로 밀려 올라가는 가을 한복판이다. 벼가 고개를 숙이고 온 들판이 느릿한 부드러움으로 흔들리는 풍경 속에, 아버지와 자박자박 걸었던 신작로가 겹쳐진다.

초등학교 6학년 어느 날이었다.

첫 수업이 시작될 즈음, 누가 허연 한복차림인 채 교실 안을 기웃거렸다. 선생님이 나갔다 들어오더니 내게 책가방을 싸서 나가보라고 하셨다. 뜻밖에도 아버지가 복도 한쪽에 서 계셨다.

아버지는 내 손을 끌어당기며 곧장 집으로 가자고 하셨다. 나도 아버지의 손을 잡아끌다시피 학교를 빠져나왔다. 무슨 영문인지 궁금한 건 뒷전이고 당신의 입성이 친구들에게 들킬까 봐 조바심이 났기 때문이었다. 양복은 아니더라도 여느 사람처럼 어중간하게라도 차려입었으면 괜찮을 텐데, 한복만 고집하시는 게 늘 마음에 걸렸다.

집으로 가는 길에서도 무슨 일이냐고 물어보지 않았다. 입시철이 코앞이라 아마도 저녁 늦게까지 씨름할 보충 수업에서의 해방감이 컸던 모양이다.

아버지께 책가방을 맡기고 졸랑졸랑 따라 걸었다. 무릎 꺾인 들풀 위로, 멀리 어깨 기대고 늘어선 볏단 위로 볕살이 두껍게 내려앉고 있었다. 신작로와 논 사이 봇도랑을 뛰어넘으며 가르마 같은 논둑길에서 메뚜기도 잡았던, 그날의 하굣길이 지금도 눈에 선하다.


집에 들어서자마자 아버지는 밖에 나가지 말라고 단단히 이르셨다. 방 안에만 갇혀 있다가 변소 가는 데도 멀찍이서 지켜보셨다. 당시 뒷간은 허술해서 어느 집 아이가 빠져서 어떻게 됐다느니, 흉흉한 소문이 나돌곤 했다.

그날 밤, 잠결에 아버지가 엄마와 두런두런 주고받는 소리가 들렸다. 간밤에 흉몽을 꾸었는데 주인공이 나였고, 꺼림칙했던 마음에 내가 집을 나서자마자 뒤따라오신 모양이었다. 그제야 아버지의 그날 행적에 대한 의문이 풀렸을 뿐, 내가 귀 기울이지 않아 어떤 악몽이었는지는 모른다.

　아버지는 어떤 꿈을 꾸셨길래 학교까지 찾아와 수업 중인 딸을 불러냈을까. 내가 괴한에게 붙잡히기라도 했을까, 아니면 까마득한 낭떠러지로 떨어졌을까? 선생님께는 무어라 얘기하셨는지, 의문이 꼬리를 물지만 여쭤볼 길이 없다.

　그 일이 있은 뒤 4년이 지난 여름, 장맛비가 추적추적 내리던 날 아버지는 황망히 저세상으로 떠나셨다. 갑작스러운 일이었다. 장례가 끝난 후로 나는 자취방에서 눈물로 베개를 적시며 밤새 뒤척이곤 했다.

　잠을 설치며 나 홀로 애도 시간을 견뎌내던 어느 날이었다. 수의 차림의 아버님이 관 속에서 벌떡 일어나더니 눈을 부라리는 게 아닌가. 살아생전 목소리 한번 높인 적이 없었는데 그런 험악한 모습이라니. 벌벌 떨다 잠을 깼다. 온몸에 소름이 돋았다.

　'너그 아버지가 정 떼려고 그랬는갑다' 토닥여 준 엄마의 말씀처럼 아버님은 딸의 마음을 염려해서 현몽하셨을까. 모골이 송연했던 그날 밤 이후로 신기하게도 잠자리가 수월해졌다. 아버님이 더는 꿈에 나타나지 않았고 한동안 맴돌 것 같던 그 꿈의 장면도 시나브로 잊혔다.

〈꿈의 해석〉으로 유명한 프로이드는 꿈을 통해 무의식에 접근할 수 있다는 이론을 제시했다. 꿈이 단순하고 무의미한 이미지나 사건의 조합이 아니라고 하면서. 억압된 욕망과 갈등을 반영한 심리적 과정이라고 주장한다.

우리 부녀가 꾸었던 꿈도 불안할 수밖에 없었던 당시의 상황이나 속마음을 유추해서 분석해 본다면, 그의 지론에 가까우리라는 생각이 든다.

엄부(嚴父)가 많던 시절이었는데 아버지는 자상한 분이셨다. 나는 일기장이나 파월 장병과 주고받은 편지를 읽어드리기도 하며 소소한 얘깃거리로 아버지께 다가가곤 했다. 학교에서 성적표며 상장을 받은 날도 곧장 아버지께 뛰어갔다. 초등학교 5학년 때는 서울로 전학시키기로 작정하셨는데, 내가 기거하게 될 이모네의 사정으로 불발되고 말았다.

빠듯한 농촌 살림에다 남아 선호 사상이 보편적이던 시대에 어린 딸자식의 장래를 일찌감치 계획하셨던 아버지. 시골뜨기가 서울 유학길에 오르다니, 한동안 들떠서 우쭐했던 사건(?)이지만 돌아보니 남달랐던 당신의 교육열이 존경스럽다.

아버지의 부재는 오랫동안 나를 움츠러들게 했다. 하여 생의 가장 푸르고 민감한 시기에 내 마음은 늘 춥고 어두웠다.

  부녀가 다시는 꿈속에서 해후한 적 없이 수십 년이 흘렀다. 까마득한 시간의 저편에서 잊혔던 일이 반세기 세월을 접고 이제야 떠올랐을까. 생시의 아버지와의 데이트도 그때가 처음이자 마지막이었지 싶다. 오리 길을 터벅터벅 걸으며 무슨 얘기를 나눴는지, 아스라이 그림으로만 떠오를 뿐이다.
  살아서는 자식의 위기 상황을 예시하는 꿈을 꾸고, 돌아가셔서는 정을 거두려고 꿈에 나타나신 아버님. 내가 건강하게 살아 있는 것도 그렇게 딸의 안위를 지키신 덕분인지 모른다.
  꿈속에서나마 그날처럼 데이트 한번 해봤으면, 부질없는 생각을 해본다. 한복만 즐겨 입던 아버님께 생활한복 한벌 사드리고 싶은, 아쉽고 허무해지는 저녁나절이다.

섬유채색화 봄풍경 50cm×70cm
광목천, 패브릭물감, 먹

# 섬김 수 있는 은총을 허락하소서

TV에 시상식 장면이 나온다. 처음부터 보지 못했는데 장한 어머니 시상식인 것 같다. 수상자인 한 어머니가 낯익다 싶더니 자막에 이름이 뜨자 깜짝 놀랐다. 오래전, 내가 시립 뇌성마비 종합복지관에서 논술 교사로 일할 때 만났던 수미라는 학생의 어머니였다. 다시 만난 듯 반가웠다.

아이들이 대학에 들어간 후였다. 매스컴에서 자원봉사자들의 활동을 보면서 작은 일이라도 해보고 싶었다. 구청에 글쓰기 교사로 신청했더니 복지관에서 초·중학생을 가르치는 일이 주어졌다. 장애아에 대한 교육도 받지 못한 데다가 식견도 부족해서 아이들을 제대로 다루지 못했으리라.

그곳을 알기 전에는 휠체어를 탄 아이를 보면 잠시 안 됐다는 생각만 스칠 뿐이었다. 가족들이 겪어내는 고충이야 짐작인들 했겠는가. 가까이에서 보니 장애로 인해 행동반경이 제한된 이들의 불편이 생각보다 크게 와닿았다.

　책이 바닥에 떨어져도 주울 수 없거나 책장을 일일이 넘겨줘야 하는 일 정도는 간단한 내 수고로 해결된다. 말보다 몸짓이 앞서는 그들의 언어를, 해를 넘기고도 나는 잘 알아듣기 어려웠다. 해서 간곡한 청을 금방 들어주지 못하거나 다른 아이의 통역이 필요할 때 답답하고 미안했다.

　번역가가 되고 싶다던 수미는 총명했다. 종일 휠체어에 앉아 있으니 하얀 운동화가 언제나 새 신발이었다. 일반 학교에 다니는 그애는 함께 등교하는 어머니가 온갖 시중을 들어줘야 수업이 가능했다.

　뇌성마비 장애아들은 글씨를 주로 왼손으로 쓴다. 어설픈 손놀림으로 모음과 자음을 그리다시피 연결시키지만, 얼추 제 모양의 글자를 만들어낸다. 연필을 잡을 수조차 없는 수미는 수업 내용을 고스란히 머리에 담아 가야 한다. 그림 그리듯 삐뚤삐뚤 메모라도 할 수 있으면 좋을 텐데, 내가 안타까워하자,

　"날마다 대필해주는 그 일도 없으면 무슨 재미로 아이를 키우

냐."

며 활짝 웃으시던 어머니. 그때 나는 남다른 모성애를 가진 분이라 생각했다. 거기서 만난 다른 어머니들도 한결같이 수상감이었다는 생각이 들자 복지관에서의 장면들이 활동사진처럼 떠오른다.

휠체어에 묶여 있는 성준이는 생글생글 잘 웃는다. 나이에 비해 체구가 작은 그애는 몸과 함께 말을 한다. 입을 뗄 때마다 내젓는 팔이 내 이마를 치기 예사다. 저도 무안한지 선생님이 좀 비켜서라며 또 싱긋 웃는다.

성준이도 컴퓨터 사용이 거의 불가능하다. 워킹맘인 어머니가 꼬박꼬박 대필해주는 일기장에는 박물관이나 지방 유적지까지 두루 견학하면서 곁들인 설명이 차곡차곡 담겨 있었다. 아이의 견문을 넓혀 주기 위해 부지런히 세상 구경을 시키는 중이었다. 장애인 편의 시설이 미비한 곳이 많을 때였는데.

영남이는 사시에다 고도 난시까지 겹쳐 어머니를 목소리로 인지한다. 안경을 쓰고도 두툼한 돋보기를 앞세워야 겨우 한 글자씩 읽을 수 있다. 쌍둥이인 형은 정신지체아라는 말을 듣는 순간 내 가슴이 철렁했다. 언제나 미소를 잃지 않는 어머니가 얼마나 돋보이던지.

 차분한 성격인 정운이는 학습에 대한 이해도는 무난한 편이지만, 목 위로만 정상이고 아래로는 손가락 하나도 제 기능을 못한다. 책장도 입으로 넘기고 일기 쓰기도 컴퓨터 자판을 이마로 쳐야 한다.

 어머니는 아이를 시스템이 잘 갖추어진 특수학교가 아닌 일반학교에 진학시킬 의향이었다. 더 나은 교육을 위해서는 그림자처럼 아이 곁에서 수발들게 될 고충을 염두에 두지 않는 모양이었다.

 유치원생보다 작은 체구를 가진 중학생도 있었다. 휠체어에서 움직일 수 없는 그 애의 입에서는 항상 침이 흐른다. 옆을 지나는 어머니마다 입 언저리까지 토닥토닥 닦아준다. 내 아이 남의 아이 구분 없이 용변 시중을 드는 모습도 예사롭게 볼 수 있는 풍경이었다.

 겨우 몸을 가누며 걷는 아이도 휠체어에 앉은 친구의 잔시중 드는 일을 주저하지 않는다. 어머니들이 행동으로 보여주는 산 교육이 말보다 강한 힘을 발휘하는 현장이니, 아이들의 몸에 그대로 배었으리라.

입학식에서 학부모 대표로 인사한 어느 어머니의 연설이 지금도 생생하다. '장애우가 되면 인생이 불행해지고, 비장애우면 황금빛입니까'로 시작한 그분의 외침에는 눈물이 묻어났다.

'우리 아이로 하여금 그저 섬김을 받게만 하지 마시고 섬길 수 있는 은총을 허락하소서'라는 마지막 인사말은 장애우를 위한 기도였다. 섬김을 받는 것에만 익숙해질까 봐, 미약하지만 아이도 베풀 수 있기를 바라는 마음이었으리라. '섬길 수 있는 은총을 허락하소서'는 내게 깊은 감명을 주었다. 매주 복지관으로 향하면서 그 말을 되새겨 보곤 했다.

아이들과 함께하는 동안 내 마음에 각인된 것은 자식들을 평등하게, 사랑으로 다루는 어머니들의 정신이었다. '어머니가 눈물로 기도한 자녀는 망하지 않는다'고 말한, 성녀 모니카도 그런 어머니들을 염두에 두었으리라.

어느 겨울방학 때 아이들에게 일일이 편지를 썼다. 그 속에 어머니가 치르는 희생의 의미를 꾹꾹 눌러 담았다.

화면 속 수미 어머니의 환한 모습을 보니 지금쯤 그애도 번역가의 길을 걷고 있을까, 궁금해진다. 다른 어머니들께도 위로와 힘이 되었으면 하는 바람을 가져본다.

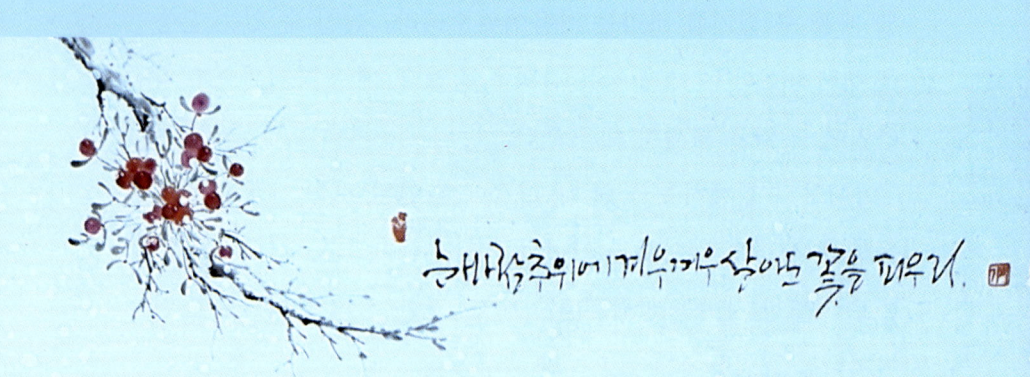

섬유채색화 겨우살이 80cm×23cm
광목천, 패브릭물감, 먹

# 황금가지를 만난 날

　새벽바람을 가르며 달리는 차창 밖으로 산들이 만산홍엽이었다. 길가에 도열한 가로수도 나지막한 산등성이에도 조락의 기미를 안은 계절이 농익고 있었다.
　올해 도심에서는 가을다운 가을을 만나지 못했다. 아침저녁 바람은 소슬한데 한낮에는 더위가 주인행세를 하는, 백 수년 만에 찾아온 이상기온 탓이라 한다. 게다가 가뭄까지 겹쳐서 가을 채비를 서둘러야 할 나무들이 제대로 단장할 시기를 놓쳐버린 모양이었다. 그런 어정쩡한 풍경을 벗어나서인지 나는 이국의 절경이라도 접한 듯 연신 환호성을 질러댔다.
　첩첩산중으로 들어갈수록 도로가 한적했다. 속도를 다투지 않는 길 위에 투명한 햇빛과 바람만 일렁거릴 뿐이었다. 우리가 탄

승용차가 국도를 전세 낸 양 적막한 분위기마저 감돌았다.

　우리는 리드인 L 씨를 따라 길도 제대로 나 있지 않은 산등성이로 줄곧 올랐다. 나뭇잎이 제풀에 떨어져 뿌리로 돌아가 눕는 때이다. 색색의 낙엽을 이불 삼아 딴딴하게 여문 도토리가 지천으로 깔려 있고 땅에 드러누운 것들은 발걸음 따라 바삭바삭 소리를 낸다. 중턱을 지나면서부터 차가워지는 공기는 더욱 청량하고 쭉쭉 뻗은 나무들이 벌써 알몸이 된 채로 빼곡하다.

　오늘 우리가 채취할 겨우살이가 아름드리나무에 띄엄띄엄 보인다. 아득한 꼭대기에 매달려 짙푸른 색으로 하늘거린다. 잎을 다 떨군 나뭇가지에 매달린 채 공중에서 홀로 푸름을 자랑하는 자태가 아름답고 신비롭다.

　난생처음 보는 이 식물은 늘푸른 여러해살이 기생목이다. 밤나무 버드나무 참나무 같은 활엽수의 줄기에 뿌리를 박고 물과 영양분을 흡수하면서 살아간다고 한다. 황금가지라는 찬사를 받을 만큼 다양하고 뛰어난 약효를 지녔단다.

　오는 길에 L 씨에게 들은 네미 숲의 신화를 꺼내어 본다. 로마 근처에 있는 네미 숲에 디아나의 신전이 있었다. 그곳을 지키는 사제는 '숲의 왕'이라 불린다. 그 제사장은 다음 사제와의 대결을 대비해야 한다.

새로운 제사장이 되기를 원하는 자는 신전 주위의 숲에 있는 나뭇가지를 꺾어서 제사장을 찔러 죽여야 한다. 그것을 손에 넣은 자만이 제사장의 지위에 오를 수 있었다는, 성스러운 나무에서 자란 황금가지가 바로 이 참나무에 기생하는 겨우살이다.

유럽에서는 참나무를 신성하게 여겼고 겨우살이를 영생불사의 상징으로 간주해서 절대적인 존재로 숭배했다. 동양에서도 이것을 하늘이 내린 영초(靈草)라 하여 신성하게 대하고 경외의 대상으로 삼았다. 그뿐만 아니라 죽은 사람도 살려낼 수 있다는 만병통치약으로 알려질 정도라 한다.

겨우살이는 채취하는 일부터가 녹록지 않다. 고도의 기술과 함께 중노동을 요하는 일이다. L 씨가 긴 장대를 두세 개 연결한 꼭지에 낫을 매단다. 그리곤 활시위를 당기듯 치밀하게 겨누어 후려친다. 여러 번의 시도 끝에야 겨우 몇 가지씩 떨어져 바닥에 흩어진다.

잎이 대나무처럼 마디로 된 가지 끝에 마주나기로 나 있다. 잎 사이로 노랗고 투명한 콩알 모양의 열매가 눈에 띈다. 보약이 따로 없다기에 먹어보니 끈적한 점액이 들어 있다. 이것을 새들이 즐겨 먹는다고 한다.

그때 부리에 붙은 점액을 떼어내려고 다른 나뭇가지에 비비면서 씨앗이 들러붙게 된다. 그 상태로 겨울이 지나면 씨앗에서 싹이 나오고 나무에 뿌리를 박게 된다니 번식 방법도 기발하다.

도시락은 꿀맛이고 겨우살이는 수북이 쌓여 향기가 바람을 타고 흘러 다닌다. 가을바람이나 쐬자고 나선 길인데 예상외로 수확이 푸짐하다. 한나절 내내 L 씨의 노고가 컸다.

주말마다 강에 나가 고기를 잡고 심산유곡으로 들어가 나물이나 겨우살이를 채취하는 일이 그의 오랜 취미생활이란다. 자연 속에서 보내는 시간이 많아서인지 그의 얼굴에는 세월이 일그러뜨린 그림자를 찾아보기 어렵다.

겨우살이에 대해서도 해박해서 그의 이야기는 들을수록 재미있다. 아이를 못 낳는 여인이 이것을 몸에 지니면 아이를 가질 수 있고, 전쟁터에 나갈 때 부적처럼 갖고 다니면 다치지 않는다고 믿기도 했단다.

이 식물이 오래 기생하면 나무가 영양을 빼앗겨 치명적이라 한다. 겨우살이 채취가 숲 보호에도 일조하는 셈이다. 오늘 우리는 눈 호사에다가 청정지역에서 한 삼림욕까지 수확이 풍성한 하루가 되었다.

 동맥경화와 고혈압 당뇨병 관절염…, 갖가지 병에 탁월한 효과가 있다는 겨우살이. 이 많은 양을 먹고 행여 영생불사라도 하면 어쩌나.

섬유채색화 들꽃 65cm×55cm
광목천, 패브릭물감, 먹

# 잔고

나는 결혼한 후로 경제활동을 하지 않았다. 전업주부로 사는 게 보편적이던 시절이라 그런대로 편안할 수도 있었는데. 나는 백수라는 콤플렉스를 안고 살았을 만큼 가정에만 묻혀 사는 데에 의미를 갖지 못했다. 알뜰히 사는 데도 한계가 있어, 식솔이 여럿 매달린 남편의 월급에서 요것조것 재느라 양가 어른께 족히 못 챙기는 용돈도 늘 마음에 걸렸다.

이런저런 아쉬움이 많던 내게 새천년 가을에 큰돈이 생겼다. 늦은 나이에 국문학 공부를 끝내고 00문학상에 응모했는데 입상하여 부상으로 수십만 원을 받았다. 예기치 않은 당선의 설렘보다 스스로 번 돈을 만져보는 기쁨이 컸다. 두 어머니께 오롯이 내 수입으로 용돈을 드린 일도 처음이었다.

그뿐이랴, 문학이 내 안에 싹을 틔웠다. 소소한 일상이 수필로 승화되어 수상자 모임인 문학회원들의 문향을 맡으며 한 뼘씩 커가고 있다. 금전적 수입은 한 번이었지만 글이 자랄 수 있는 계제가 된, 내 정신적 통장에는 잔고가 꾸준히 늘어나고 있는 셈이다.

두 번째 수입이 생긴 일은 언제 떠올려도 웃음이 난다. 작가들과 동인지를 내며 장애인학교에서 글쓰기 교사로 봉사하던 중이었다. 구청에서 매년 자원봉사자 수기 모집을 하는데 심사를 맡아달라는 요청이 왔다. 봉사 차원이라며 정중히 부탁했고 글을 다루는 일이라 나는 주저 없이 수락했다.

응모한 글들을 잘 살펴 작품성이나 완성도보다 봉사 내용에 중점을 두어 심사하는 일이었다. 최종심은 국문과 교수님과 함께 논의해서 수상자를 선발했다. 출품한 글들은 책으로 묶어서 공공기관에 비치하도록 꼼꼼하게 교정을 봐주었다. 연말에 한 권의 책으로 마무리하고 나면, 한 해를 정리하는 내 마음이 뿌듯했다.

서너 해가 지난 때쯤 담당 직원으로부터 전화가 왔다. 올해부터 심사비를 주기로 했단다. 그런데 너무 적게 나왔다며 무슨 잘

못이라도 한 듯이 민망하다는 말을 거푸 했다. 나는 여태 봉사로 해왔는데 무슨 말씀이냐며 인사치레를 하고 은행으로 뛰어갔다. 입출금을 주로 은행에서 확인하던 때였는데 통장 끝줄에 30만 원이 찍혀 있었다.

그만하면 적지 않은 액수인데 왜 그리 미안해했을까, 의아스러웠다. 이 일은 구청의 연례행사이고, 의외의 불로소득 같아 어깨에 힘이 실렸다. 아무튼 가욋돈이 생겼으니 가족은 물론 친구나 모임에 나가 밥을 사기 시작했다. 맘껏 기분을 내다보니 받은 액수를 훌쩍 넘어 버렸지만, 그래도 괜찮았다.

며칠 후 통장 말미에 5만 원이 눈에 띄었다. 구청에서 보낸 것이었다. 먼저 들어온 삼십만 원은 지인에게 빌려준 돈을 돌려받은 것이었는데. 졸지에 받은 돈의 열 배가 넘는 지출을 한 꼴이 되었다. 그 돈도 한 번으로 그쳤다.

초심으로 돌아가게 되었지만 그 일은 내게 많은 정신적 자양분을 주었다. 한 해에 백여 편씩 십 년간 읽은 작품들은 감동이었다. 논픽션 중에서도 몸으로 실천한 선행을 담은 글이라 울림이 컸다. 사연들이 한결같이 갸륵해서 출품자 모두에게 상을 안 겨주고픈 마음 간절했다. 교수 출신부터 몸이 불편한 장애인, 온 가족이 봉사자로 나선 사례도 적지 않았다.

남에게 시간과 몸을 쓰는 만큼 본인의 행복이 배가된다는 마음들이 글 속에서 얼마나 진정성 있게 다가오던지. 간혹 글쓰기가 미숙해서 문장을 만들다시피 더듬더듬 읽으면서도 이내 숙연해졌다. 심사 후기를 쓸 때는 가슴이 먹먹해져 한 줄 평도 조심스러웠다.

민낯만큼이나 진솔한 글들을 대하면서 그들의 이타심에 대비되는, 안일한 내 삶이 얼마나 작게 느껴지던지. 목전의 일 앞에 일희일비하며 아옹대던 일상들이 부끄러워지곤 했다.

그 사연들이 내 안의 나를 일깨우는 계기가 되었을까. 자신의 일만으로도 벅차서 허우적대는 내 삶의 가벼움에 가끔 일침을 놓을 때가 있다. 아마도 은행 통장이 아닌 마음속 계좌에 약간의 잔고로 남아 있는 모양이다.

나이 들수록 무미하고 빈한해지는 내 정신세계를 은근히 채워주는 마음 안의 잔고들. 글에 대한 애정과 한때 마음을 뭉클하게 했던 봉사자들의 아름다운 정신이 소멸되지 않고, 간간이 내 삶의 에너지가 되어 주기를 소망해 본다.

길이 끝나는 곳에서도
길이 있다
길이 끝나는 곳에서도
길이 되는 사람이 있다
스스로 봄길이 되어
끝없이 걸어가고 있는
사람이 있다
강물은
한 방울의 강물이라도 머금고
새들은
남아 있는 노래로 날아오지 않고
하늘과 땅 사이의
모든 꽃잎은 흩어져도
보라
사람이 끝나는 곳에서도
사랑이 꽃
남아 있는 사람이 있다
스스로
사랑이 되어
한없이 봄길을 걸어가고 있는
사람이 있다

봄길(정호승) 35cm×65cm
화선지, 먹

# 집이 와 없어졌노

　이웃 동네에서 포도를 사서 자전거 양쪽 손잡이에 걸었다. 포도가 상할까, 자전거를 조심히 끌고 가자니 시간도 힘도 배가 들었다. 다행히 사방 잘 아는 곳이라 도중에서 지름길로 짐작되는 샛길로 들어섰다.
　가는 내내 주변 풍경이 눈에 설다 싶더니 낯선 아파트가 줄지어 나타났다. 집에 도착할 때까지 얼마나 헤맸는지 포도도 사람도 만신창이가 되어 버렸다. 어디서 엉뚱한 곳으로 빠졌을까, 뻔한 동네 길인데도 그림이 그려지질 않으니 답답하다. 질러간답시고 집과 반대 방향으로 내처 갔다고밖에 설명할 수가 없다.
　얼마 전, 집에 찾아온 손님을 배웅하던 길이었다. 큰길을 지나다 잠시 가게에 들러 쇼핑을 하고 나왔는데, 근처에 버스 정류장이 어느 쪽인지 감이 오질 않았다. 친구가 눈이 휘둥그레진 나를 보자 이 동네가 초행길임에도 알아서 가겠노라 우겼다. 길치에다 방향치인 나를 잘 아는 그녀는 내가 집을 못 찾아갈까 봐, 지나가는 사람에게 우리 아파트 위치까지 물어보는 게 아닌가.

내가 거기서 버스를 타고 내리기를 몇 해째인가. 집에서 곧장 정류장으로 갔더라면 입력되어 있던 대로 방향감각이 제대로 작동했을 텐데. 한 군데를 거치는 바람에 머릿속에서 헝클어져 버린 모양이었다.

인간에게 공간이나 위치를 지각할 수 있는 공간지각능력이 있을 것이다. 그것을 적절히 조율하는 나사가 장착되어 있을 텐데, 내게는 얼마나 헐렁하게 죄어져 있을까. 애당초 나사 하나쯤 빠진 채로 태어났을지도 모른다.

네댓 살 무렵, 고모댁에서 일어났던 일이다. 집 바로 뒤에 고모와 날마다 드나들던 개울이 있었다. 어느 날 혼자 나갔다가 세수하고 고개를 드는 순간, 길이 두 갈래였다. 이쪽으로 가자니 저쪽 같고 아닌 길로 갔다가 길짐승이라도 나타날까, 와락 겁이 났다. 어린 마음에 목이 터져라 고함을 지를 수밖에.

고모가 밥 푸던 주걱을 든 채로 헐레벌떡 쫓아오셨다. 짓궂은 동네 아이들이 낯선 애를 해코지하는 줄로 알았다가 어이가 없던 모양이었다. '야가 헛똑똑이 아니가' 고모가 두고두고 나를 놀리는 사건이 되었다.

그 헛똑똑이가 스무 해쯤 지나, 서울 이모네에서 직장 다닐 때였다. 전철역에서 내려 큰길로 죽 가다가 골목길로 접어드는 지점에 중고 가구점이 있었다. 입간판조차 없이 가게 앞에 내놓은 작은 찬장이나 걸상 등 수리한 가구들이 간판을 대신하고 있었다. 한눈팔며 걷다가도 그 물건들을 끼고 돌아나가면 골목 끝에 이모 집이 있었다.

어느 비 오는 날이었다. 가구들을 몽땅 치워놓은 길에서 이 골목 저 골목을 얼마나 기웃거렸는지. 그 사실을 잘 아는 친구로부터 구름만 끼어도 득달같이 전화가 걸려왔다.

"곧 비가 올 모양인데 집 어떻게 찾아 갈라고? 가구 들여놓기 전에 얼른 조퇴해서 가야 되지 않겠니."

어떤 고차원의 방정식이 길 찾는 일보다 어려울까, 이 난해한 길 찾기의 유전자는 어머니로부터 물려받은 모양이다. 오빠가 도회지에서 고등학교 다니던 시절이었다. 어머니는 고모집에서 담은 김치를 항아리째 이고 아침 일찍 자취방을 찾아 나섰다. 고모네에서 멀지도 않을뿐더러 바로 전날도 드나들었던 집인데, 나타날 듯 나타날 듯 보이지 않았다.

이 골목 저 골목으로 들어갔다 나오고. 돌아 나온 곳을 다시 들어가기는 물론 막다른 골목도 여러 번 만났으리라. 급기야는 집으로 되돌아가는 일이 태산 같아졌다. 한나절이 지나서야 어머니도 머리 위의 항아리도 땀으로 범벅이 된 채, 대문에 들어서며 중얼거리셨단다.

"얄궂어라 집이 와 없어졌노?"

얄궂은 일을 내 일상에서 맞닥뜨릴 때는 얼마나 황당하고 혼란스러운지. 큰길가에 서 있던 건물이, 자주 지나치던 학교가 어느 때는 반대쪽에 가 있기도 한다. 시내버스도 반대 방향으로 타고 갈까 봐 신경을 곤두세워야 하고. 길 건너편으로 가기 위해 지하도로 내려갔다가 올라왔는데, 출발한 지점과 같은 라인일 때는 짜증스럽다 못해 절망스럽다.

인천공항에만 가도 화장실 앞에서 대기해야 하는 남편은 해외여행지에서는 내 일거수일투족에 눈을 뗄 수가 없다. '그 나이에도 팔짱을 끼고 다니세요, 보기 좋아요.'

내 속을 알 리 없는, 남이 부러워 할 때는 잠시 길치의 불편이나 고통일랑 잊고 그저 웃지요.

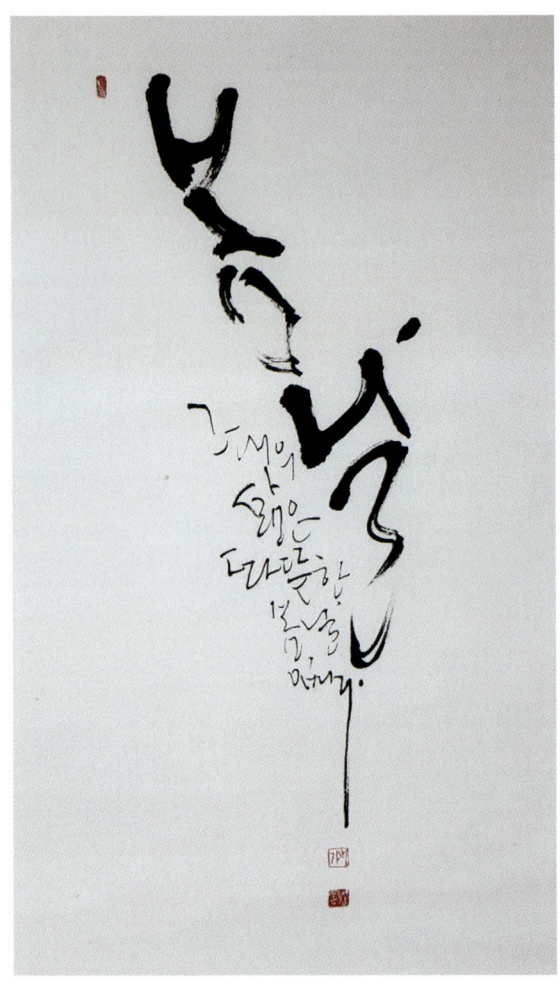

봄날 35cm×50cm
화선지, 먹

# 간디고 열린 세상으로 나아가다

결혼이주여성들에게 한국어를 가르치는 한 자원봉사자를 인터뷰하기 위해 나섰다. 대로변에 나지막이 서 있는 청색 건물에 YWCA 00종합사회복지관 간판 밑으로 한 줄기 햇살이 내려앉아 포근해 보였다.

담당 직원의 안내로 들어선 2층 사무실에선 여남은 사람의 직원들이 하루를 열어가느라 부산하다. 좁은 복도를 따라 사랑반·희망반·소망반, 노란 팻말이 붙은 교실 안을 한참 기웃거렸다. 유치원 교실같이 정겨움이 느껴져서이다.

결혼이주여성 노래교실·결혼이주여성 한국어교실이라 적힌 문으로 여대생 차림의 아가씨들이 삼삼오오 드나든다. 그들은 중국·캄보디아·필리핀·우즈베키스탄… 여러 나라에서 온 결혼이주여성들이다.

　잠시 후 마주 앉은 봉사자도 갓 서른 살로 그들과 비슷한 연령대이다. 하얀 피부에 오똑한 콧날이 돋보이는 그녀는 첫눈에 야무진 인상을 풍긴다. 한국이주노동자복지회에서도 봉사로 매일 상근하고 있단다. 이 복지관에서 한 주에 두 번이나 이주여성들에게 한국어와 한국문화에 눈 뜨게 하는 일만도 녹록지 않을 터인데.
　그녀의 이력과 이 일에 열정을 쏟게 된 동기며 활동량을 듣다 보니 나도 모르게 딸 또래인 그녀 앞으로 바투 앉는다. 전문 인력이 무보수의 봉사를 자청하는 일이 흔치 않은 세상 아닌가.
　그녀는 영어 중국어에 능통할 뿐 아니라 한국어 교원양성과정까지 이수했다. 상해 유학 시절부터 코리안드림을 안고 찾아오는 외국인들에게 한국어를 올바로 가르쳐야겠다는 마음을 굳혔단다. 이 일에 보람과 가치를 찾으면서 철학을 전공한 그녀가 '다문화 시대에 따른 가족윤리 연구-결혼이주여성을 중심으로'라는 주제로 석사학위를, 박사과정은 한국어학으로 전공까지 바꿨다.

이주여성들이 한글을 잘 모르는 데 비해, 읽고 쓰지는 못하면서 말을 잘하는 조선족들은 곧잘 우쭐댄단다. 고심 끝에 그녀의 아이디어로 '레벨 테스트지'를 개발해서 개개인의 수준차를 잘 극복하고 있다고 한다. 기질이 강한 우즈베키스탄인이나 러시아인들은 다루기도 만만치 않은 데다가, 투닥투닥 자기네 말로 다툴 때는 해결하기가 난감하단다.

　이주여성들에게 향수나 외로움이야말로 영원한 숙제임을 어쩌랴. 동병상련인 끼리끼리의 만남의 장이 절실하다 보니 수업은 무시로 뒷전이 되어버린다. 그들의 심경을 헤아려 나무랄 수야 없지만, 촌각을 다투며 달려온 선생님은 얼마나 허탈해질까. 그래도 온몸으로 말하던 이주여성들의 입과 귀가 시나브로 열리고 있으니 교사로서 큰 보람이란다.

　"쇼핑하기조차 만만찮았던 이들이 요즘은 물건값을 너무 많이 깎아 민망할 지경이에요. 전철에서도 스스로 하차할 역을 알고는, 한눈파는 나까지 챙길 정도가 됐어요. 어린애처럼 돌봐줘야 했던 사람들인데, 놀랍지 않아요?"

　눈을 반짝이며 '놀랍지 않아요' 거푸 말하는 그녀의 목소리가 금세 커진다. 선생님을 집으로 초대해서 한국 음식으로 깜짝 이벤트를 벌이기도 한다니 정이야말로 인종과 국경을 초월하는 첫 번째 요소가 아닌가.

 한국 남자와 결혼했다는 이유로 어느 날 한국인이 된 이웃 나라 출신의 새댁들. 그녀들에겐 시댁이나 남편과의 관계부터 자녀 교육 문제까지 고개를 내젓게 하는 일들이 숱하게 일어난다.
 전통적 여성상을 기대하는 남편도 적지 않은 모양이다. 모계 중심으로 자란 필리핀 여성들의 경우 한국 남편의 권위적 처신을 감당키 어렵다며 볼멘소리를 한다. 이럴 때 윤리를 공부한 그녀가 속내까지 훤히 드러내는 그들의 하소연에 맞장구쳐주며 카운슬러로서의 역량을 십분 발휘한단다.
 사진 한 장이 매개체가 되어 스무 살이나 많은 남자와 결혼한, 한 필리핀 여성의 사연이다. 아내는 한국 며느리 노릇이 힘들고 세 끼 밥에 목숨걸듯 하는 한국 남자들을 이해 못하겠다 넋두리하고, 남편은 새벽 여섯 시에 공사장 나가는데 따끈한 국 한그릇 끓일 줄 모르는 아내가 야속했다.

 그들의 갈등을 푸는 실마리가, 아내가 YWCA에 나와 한글을 배우면서 조금씩 보이기 시작했다. 말을 알아들으니 시어머니의 가르침대로 된장찌개도 끓이고 술로 막노동의 고단함을 푸는 남편도 이해할 수 있었다.

말이 통하니 눈에 보이지 않는 마음까지 읽어내겠더라는 그 아내의 말은 결혼이주여성들의 공통된 표현일 것이다. 그들에게 말이란 마음을 읽어내는 네비게이션이나 다름없으리라. 한 사람을 지배하는 언어가 그의 표정과 삶을 바꾸기도 하고, 마음밭에 어떠한 언어가 심어지느냐는 그 인생이 달라지는 계기가 된다.

말이란 동시대를 사는 사람들의 철학과 정서가 고스란히 담기는 그릇이다. 언어가 그 나라의 역사와 문화를 정직하게 담고 있기 때문이다. 지구촌 시대, 다문화가정의 한국 문화 이해가 절실한 때이다. 한국어가 그들에게 의사소통을 위한 도구로만 머물기보다, 우리의 정신과 문화를 익히는 매개체로서의 역할이 클 수밖에 없다.

부정확한 발음이나 부드럽지 못한 어머니의 말투를 그대로 흉내 내는 2세들의 언어교육도 짚어봐야 한다는, 그녀의 지적도 새겨들을 일이다. 한국어 교사의 자리에 전업주부들이 나선다면 이주여성들에게 정서적으로 한결 폭넓은 수업이 되겠지만 막상 무급(無給)이라면 주춤하지 않을까.

다문화가정이 늘어나는 추세에 그녀와 같은 자원봉사자야말로 우리 문화의 지킴이요 전도사이다. 시간이 허락하는 한 다문화가정을 위한 봉사자로 뛰겠다는 그녀가 열린 세상으로 성큼성큼 나아가고 있다.

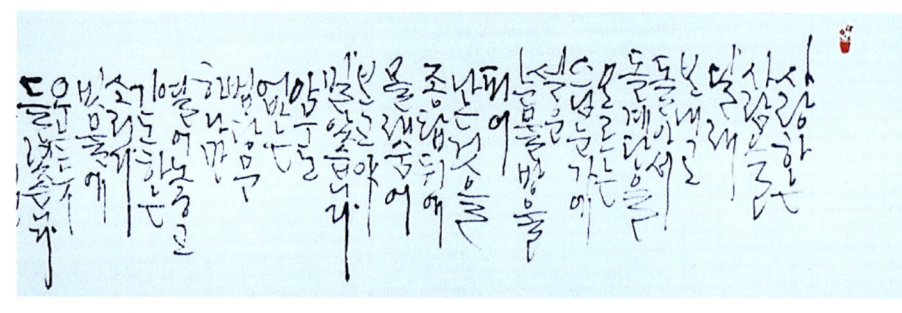

치자꽃설화 중 135cm×20cm
화선지, 먹

섬유채색화 정안 작품 50cm×50cm
광목천, 패브릭물감, 먹

새날 5inch×7inch
엽서(띤또레또), 붓펜

엄마가있어 따뜻하다
엄마품기운은 봄날햇빛 나는 엄마가있어 따뜻하다
〈정호승 詩中〉

60cm×25cm
화선지, 먹

당신은 사랑받기 위해 태어난 사람 60cm×25cm
화선지, 먹

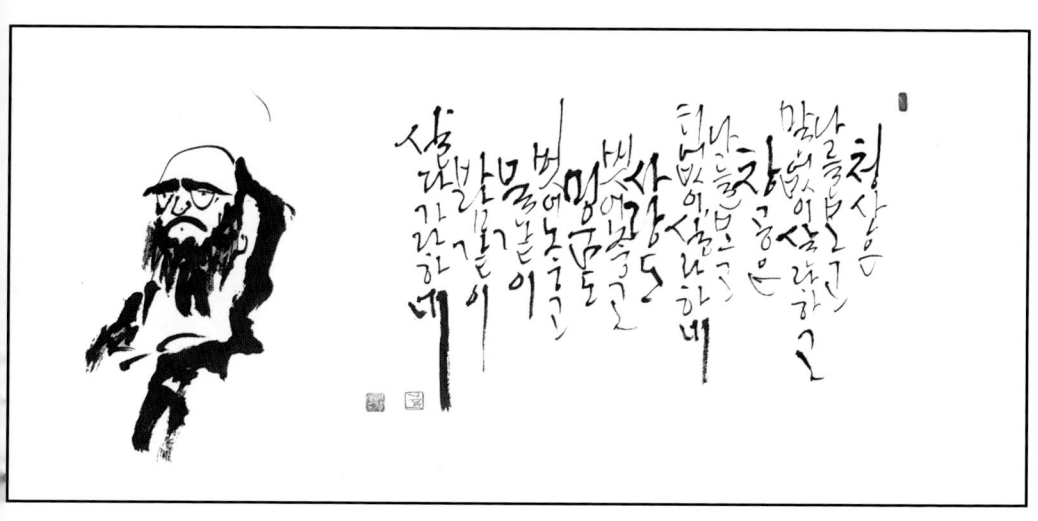

청산은 나를 보고(나옹선사) 65cm×35cm
화선지, 먹

사랑가득 행복가득 40cm×100 cm
섬유채색화(사랑초), 캘리그라피

희망이 있어 더욱 빛나는 오늘 8inch×6inch
엽서, 캘리그라피

사람은
잠깐
잠깐이어서
사랑
이어요

꽃피는 것도
잠깐
잠깐이어서
꽃이어요

사랑이 떠난자리
꽃이 진자리

그때
돌아올날
기다려도
좋을까요

그다시
꽃필날손꼽아도
좋을까요

나태주 "능소화지다" 가벼흐다

능소화지다(나태주) 30cm×70cm
캘리그라피

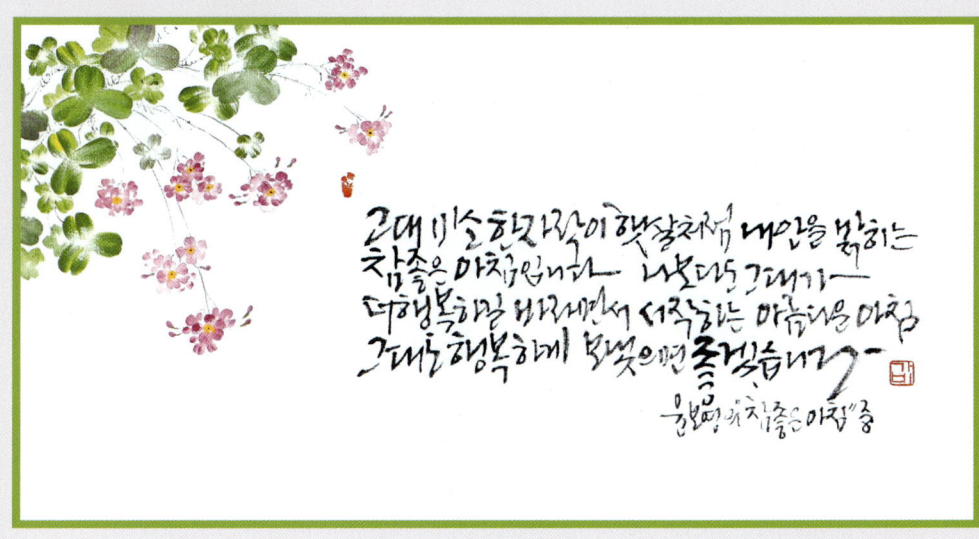

참좋은 아침(윤보영) 40cm×60cm
섬유채색화(사랑초), 캘리그라피

인생 75cm×35cm
화선지, 먹

감 100cm×75cm
페브릭물감, 먹글씨